教育と教職の
フロンティア

伊藤良高・岡田 愛・荒井英治郎【編】

晃洋書房

はしがき

　2018年6月に閣議決定された「教育振興基本計画」は、教育をめぐる現状と課題について、人口減少・高齢化の進展や急速な技術革新、グローバル化の進展など社会状況の変化のなかで、幼児の発育において基本的な技能等が十分に身に付いていない、直近の国際学力調査では小・中学校の児童生徒の読解力が有意に低下している、生活指導面の課題として暴力行為の発生件数、不登校児童生徒数が依然として相当数に上っている、また、学校に求められる役割が増大し、教師に負担がかかっていることなどが指摘されている。

　こうした状況にあって、養成・採用・研修の各段階を通じて教員に求められる資質能力の向上や教員資格の付与にあたる教職課程の質保証が政策課題とされてきた。教育公務員特例法・教育職員免許法等関係法令が改正され、全国の大学等の教職課程で共通的に履修すべき資質能力を明確にすることで教員養成の全国的な水準を担保するため、教職課程コアカリキュラムおよび外国語（英語）コアカリキュラムが作成された。2019年4月からは、これらをベースとして審査・認定を受けた大学等で新たな教員養成が開始されている。

　本書は、現代日本における子ども・若者の育ちをめぐる状況を踏まえながら、すべての子ども・若者の「幸福」（ウェルビーイング）の実現に資する教育と教職のあり方について理論的かつ実践的に考察しようとするものである。就学前教育から高等教育までを視野に入れ、どうすれば、すべての子ども・若者の「教育を受ける権利」を保障することができるのか、また、専門職として子ども・若者の育ちに関わる教員と教職をめぐる動向と課題はいかなるものであるかについてリアルに迫ろうと企図している。

　現代日本における教育と教職をめぐる諸問題について、①改正後の教職課程・教育の基礎的理解に関する科目を中心に、教職課程コアカリキュラムおよび外国語（英語）コアカリキュラムの内容に対応している、②教育学のみならず、保育学、子ども家庭福祉学、歴史学、法律学など関連諸科学の知見を積極的に活用している、③読者の学びの便宜を考慮し、適宜、図や表、写真、資料等をビジュアル的に駆使している、④歴史的な展開や諸外国の動向を踏まえ、歴史的、比較的に考察することができるなど総合的かつ構造的な把握をめ

ざしている。また、教育学研究の第一線並びに教職課程で日々教員養成に当っている研究者・実践者が自らの具体的な経験を踏まえつつ、最新の理論と動向をやさしく解き明かそうとしている。本書は、好評を博し続けている伊藤良高・中谷彪編『教育と教師のフロンティア』（2013年4月）の改題・改作となる完全リメイク版であるが、姉妹本となる伊藤良高・大津尚志・香﨑智郁代・橋本一雄編『保育者・教師のフロンティア』（2019年4月）や、伊藤良高編集代表『ポケット教育小六法』（各年版）などと併せ読むことで、さらなる学習効果が期待できる。

　これまでに発行されている「フロンティアシリーズ」の新たな一書として企画され、若手、新進気鋭の編者および執筆者を多数迎えて発行したものであるが、その名にふさわしいものになっているか否かは賢明な読者諸氏の判断に委ねるしかない。今後、読者諸氏の建設的なご意見やご助言を賜りながら、さらなる改善に努めていきたい。激変する社会経済情勢を背景に、多くの役割と課題を突き付けられるなかにもその取り組みに真摯に奮闘している教育界にあって、本書が教育と教職をめぐる状況を見つめ、振り返り、明日への展望を見い出していくための契機やヒントとして活用していただけるなら、私たちの望外の喜びとするところである。

　最後になったが、厳しい出版事情のなかで、本書の出版を快諾された晃洋書房の萩原淳平社長、編集でお世話になった編集部の丸井清泰氏、校正でお世話になった坂野美鈴氏に、心から感謝の意を表したい。

　　2021年1月28日

　　　　　　　　　　　　　　　　　　編者を代表して　伊 藤 良 高

目　　次

第1章 子ども・若者の育ちと教育の課題

はじめに

2006年12月に全部改正された教育基本法は、その前文で、「個人の尊厳を重んじ、真理と正義を希求し、公共の精神を尊び、豊かな人間性と創造性を備えた人間の育成を期するとともに、伝統を継承し、新しい文化の創造を目指す教育を推進する」と宣言したうえで、第1条で、教育の目的について、「教育は、人格の完成を目指し、平和で民主的な国家及び社会の形成者として必要な資質を備えた心身ともに健康な国民の育成を期して行われなければならない」と規定している。そして、第2条で、その目的を達成するため、第1号から第5号まで5項目にわたって具体的な教育の目標を掲げている。2018年6月に策定された「(第3期)教育振興基本計画」(以下、「第3期計画」という)は、こうした改正教育基本法の理念、目的、目標を踏まえ、「教育立国」の実現に向け、さらなる取り組みを進めていく必要があると述べている。

本章は、子ども・若者の育ちと教育の課題について、その幸福(ウェルビーイング)の実現という観点から考察することにしたい。具体的には、子ども・若者の育ちの現状と問題点を明らかにするとともに、近年における子ども・若者の育ちをめぐる施策と実践の動向について概観する。そして、子ども・若者の育ちを保障する家庭、園学校、地域の教育とはいかなるものであるか、何が課題となっているかについて論じていきたい。

1 子ども・若者の育ちはいま

子ども・若者の心身ともに健やかな育ちは、生涯にわたる人格形成の基礎を形成していくうえできわめて重要である。その現状はどうなっているのであろうか、また、そこにおける問題点とは何か、2つの資料をもとに明らかにして

おきたい。

　前出の「第3期計画」は、人口減少・高齢化の進展や急速な技術革新、グローバル化の進展、子どもの貧困の連鎖、地域間格差の拡大等の社会状況の変化に伴い、子ども・若者の教育をめぐる状況と課題として、以下のことがらを掲げている。すなわち、① 幼児の発育に関して、社会状況の変化等による幼児の生活体験の不足等から、基本的な技能等が十分に身に付いていない、② 小・中学校の児童生徒の学力に関して、国内外の学力調査が近年改善傾向にあり、学習時間も増加傾向にある。学ぶことと自分の人生や社会とのつながりを実感しながらも、自らの能力を引き出し、学習したことを活用して、生活や社会の中で出会う課題の解決に主体的に生かしていくという面に課題がある、③ 子どもの体力については、全体としてはゆるやかな向上傾向が見られるものの、運動する子どもとそうでない子どもの二極化傾向が見られる、④ 子どもの健康や安全に関して、朝食を欠食する児童生徒の割合が増加しているといった食習慣の乱れなど健康課題のほか、性や薬物等に関する情報の入手が容易になったり、SNS、犯罪予告、国民保護等における対応等の新たな安全上の課題も生じている、⑤ 生徒指導面の課題としては、暴力行為の発生件数、不登校児童生徒数は依然として相当数に上っており、また、いじめにより重大な被害が生じた事案も引き続き発生している、⑥ 障がいのある子どもの教育に関して、近年は、発達障がいを含めた障がいのある子どもの幼・小・中・高等学校等へ

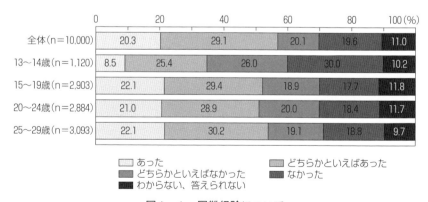

図1-1　困難経験について

出典：内閣府『令和2年度子供・若者白書』（2020年7月）。

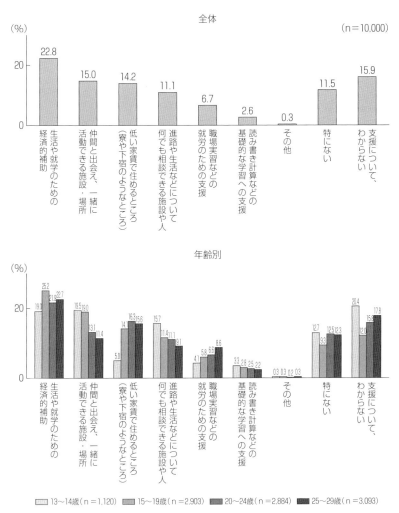

図 1 - 2　社会生活や日常生活を円滑に送ることができないような時にあると良い
　　　　　支援

出典：内閣府『令和 2 年度子供・若者白書』（2020年 7 月）。

の就学も増えており、1人1人の子どもの障がいの状態や発達の段階に応じた指導や支援を行っていく必要がある、⑦ 外国籍の子どもや両親のいずれかが外国籍である子どもについては、ともに増加傾向にあり、その母語の多様化や日本語習熟度の差への対応が急務となっている、⑧ 世帯構造の変化や地域社会の変化に伴い、子育てについての悩みや不安を多くの家庭が抱えながらも、身近に相談できる相手がいないといった家庭教育を行う上での課題が指摘されている、⑨ 学校に求められる役割が増大し、教師に負担がかかっていることも指摘されている。OECD の調査では、我が国の中学校教師の授業時間は調査参加国の平均を下回っている一方、勤務時間は上回っている、⑩ 大学生の学修時間については、過去の調査と比較しても改善されておらず、海外の大学と比較しても短いとの指摘がある、などである。

　また、内閣府『令和2年版子供・若者白書』（2020年7月）によれば、子ども・若者の意識をめぐる現状について、① 社会生活や日常生活を円滑に送ることができなかった経験（困難経験）について、「あった」又は「どちらかといえばあった」と回答した者の割合は49.3％であった。年齢区分別では、25 ～ 29歳が最も高かった（52.3％）、② 社会生活や日常生活を円滑に送ることができないような時にあると良い支援として、「生活や就学のための経済的補助」（22.8％）が最も多く、以下、「仲間と出会え、一緒に活動できる施設・場所」（15.0％）、「低い家賃で住めるところ（寮や下宿のようなところ）」（14.2％）、「進路や生活などについて何でも相談できる施設や人」（11.1％）の順となった（図1-1、図1-2参照）、ことなどを示している。

　こうした状況から、現代の子ども・若者を取り巻く環境はそれぞれ異なり、ゆえに彼らが有する困難も「経済的な困難、いじめ、不登校、ひきこもり、障害、虐待など、非常に多岐にわたるものであり、また、いくつかの困難が複合的にあらわれ、その困難をさらに複雑なものとしているケースもみられる[1]」。したがって、子ども・若者がその生まれ育った環境によって、その将来が左右されることのないよう、1人1人の子ども・若者の抱える課題の複合性・複雑性を踏まえた総合的かつ重層的な支援の充実が求められている。

2　子ども・若者の育ちをめぐる施策と実践の動向

　こうした状況や問題点に対し、子ども・若者の育ちをめぐる施策と実践はど

のように展開されてきたのであろうか。

　アメリカでは1970年代、西欧では1980年代に若者の成人期への移行の変容に対する認識が現れたのに対し、「社会経済環境の変化が遅かったために若者に対する社会の関心は一貫して薄かった」日本においても、ようやく2000年代に入って、青少年の育成支援に関する総合的な施策が策定・展開されていくようになった。その直接的な契機となったものは、2003年6月、若者自立・挑戦戦略会議による「若者自立・挑戦プラン」である。同プランは、「若年者の職業的自立を目的とする日本で初めての総合的な若年者雇用政策」などと評されているが、教育段階から職場定着に至るキャリア形成・就職支援や若年労働市場の整備、若年者の能力向上などを具体的施策として打ち出した。

　次いで、政府は、同年12月、有識者懇談会報告書を踏まえ、「青少年育成施策大綱」を策定した。同大綱は、青少年の育成に係る政府としての基本理念と中長期的な施策の方向性を明確に示し、保健、福祉、教育、労働、非行対策などの幅広い施策を総合的かつ効果的に推進することを目的として打ち出されたものである。さらに、その5年後の2008年12月には、時代の変化に対応した青少年育成支援施策の一層の推進を図るため、新しい「青少年育成大綱」が策定された。

　同大綱策定後も、ニートやひきこもりなど若者の自立をめぐる問題の深刻化や児童虐待、いじめ、少年による重大事件、有害情報の氾濫など、子ども・若者をめぐる厳しい状況が続いていく。政府は、子ども・若者育成支援推進法(2009年7月)に基づく大綱として、2010年7月、「子ども・若者ビジョン」を策定した。同ビジョンは、乳幼児期からポスト青年期(40歳未満の者)までを対象に、子ども・若者の成長を応援し、1人1人を包摂する社会をめざして、①すべての子ども・若者の健やかな成長を支援、②困難を有する子ども・若者やその家族を支援、③社会全体で支えるための環境整備、の3つを基本的方向として掲げた。

　さらに、その約5年後(2016年2月)には、新たな大綱として、「子供・若者育成支援推進大綱〜全ての子供・若者が健やかに成長し、自立・活躍できる社会を目指して〜」(以下、「2016年大綱」という)が策定された。同大綱は、①すべての子供・若者の健やかな育成、②困難を有する子供・若者やその家族の支援、③子供・若者の成長のための社会環境の整備、④子供・若者の成長を支える担い手の養成、⑤創造的な未来を切り拓く子供・若者の応援、の5つの課題を重点的に取り組むことを基本方針とするとともに、同大綱に基づく施策の実

施状況について、有識者や子供・若者の意見を聴きながら点検・評価を行うことなどを盛り込んだ。

　上述した関係法律やプラン、大綱に基づいて、子ども・若者育成支援に関するさまざまな施策が展開されている。例えば、若年無業者等の支援に取り組む「地域若者サポートステーション」（サポステ）の実施（厚生労働省。2008年度～）や保健・医療・福祉・教育・雇用などの分野の関係機関との連携の下でひきこもり専門相談窓口としての機能を担う「ひきこもり地域支援センター」の整備（厚生労働省。2009年度～）、アウトリーチ（訪問支援）に携わる人材養成を目的とした「アウトリーチ研修」の実施（内閣府。2010年度～）、本人および家族に対する早期対応を目的として継続的な訪問支援を行う「ひきこもりサポーター」の養成（厚生労働省。2013年度～）、地方公共団体を対象とした「子供・若者支援地域ネットワーク強化推進事業」の実施（内閣府。2016年度～）、学校における教育相談体制の充実に向けてのスクールカウンセラーおよびスクールソーシャルワーカーの配置充実（文部科学省）などがそれである。

　2016年大綱では、これまでの子ども・若者育成支援施策の展開のなかで困難を抱えている子ども・若者について、子どもの貧困、児童虐待、いじめ、不登校等の問題は相互に影響し合い、複合性・複雑性を有していることが顕在化していることが指摘されているが、こうした取り組みは、「今、教育実践は、希望剥奪とも形容される現代日本社会の困難と対峙しつつ、人間そのものへの希望を取り戻す、人間としての、後に引けない抵抗としての様相を帯びつつある[4]」という指摘に応えられるものになっているのであろうか。そうではなく、「日本の政策にあるのは、基本的には自助努力、自己責任での自立を期待するが、特別に困難な場合には多少の公的政策を準備するというスタンスである[5]」、「実際には就労に向けた支援策であり、ここでの自立という語に、就労・雇用を越えた包括的な含意は必ずしもない[6]」といった批判さえ示されているのが実情であろう。すべての子ども・若者とその親・家族の当事者の目線に立った育成支援が十全に展開されていくことが望まれる。

３　子ども・若者の育ちを保障する家庭、園学校、地域の教育とは

　では、子ども・若者の育ちを保障する家庭、園学校、地域の教育とはいかなるものであろうか。以下では、3点指摘しておきたい。

　第1点は、子ども・若者の育ちを取り巻く家庭、園学校、地域の教育を、常に、すべての子ども・若者の幸福の実現という観点からとらえていくということである。子ども・若者の幸福とは何かについては多義的な議論が可能であるが、いまここで、「人間らしい人間となること⁷⁾」と規定するならば、その過程において教育の果たす役割や機能はきわめて大きいといわざるを得ない。例えば、教育基本法は、家庭教育のあり方について、「父母その他の保護者は、子の教育について第一義的責任を有するものであって、生活のために必要な習慣を身に付けさせるとともに、自立心を育成し、心身の調和のとれた発達を図るよう努めるものとする」（第10条第1項）と定めている。また、学校教育のあり方について、「前項（第1項を指す。引用者注）の学校においては、教育の目標が達成されるよう、教育を受ける者の心身の発達に応じて、体系的な教育が組織的に行われなければならない。この場合において、教育を受ける者が、学校生活を営む上で必要な規律を重んずるとともに、自ら進んで学習に取り組む意欲を高めることを重視して行われなければならない」（第6条第2項）と述べている。果たしてこうしたとらえ方で良いのかどうか、あるいは、その実際はどうなのか。すべての子ども・若者の心身ともに健やかな育ちというスタンスから、家庭、園学校、地域の教育それぞれの理念と現実について考えていくことが大切である。

　第2点は、子ども・若者の育ちを取り巻く家庭、園学校、地域の教育を、常に、子ども・若者を当事者としてその中心に置き、総合的、包括的、体系的に取り組んでいく必要があるということである。先の2016年大綱は、子ども・若者の育成支援について、「一人一人の子供・若者の立場に立って、児童の権利に関する条約等に示されている子供・若者の人権の尊重及び擁護の観点も踏まえ、生涯を見通した長期的視点及び発達段階についての適確な理解の下、最善の利益が考慮される必要がある」と述べ、「あらゆる子供・若者に自立の機会と活躍の場を用意するために、それぞれの子供・若者の置かれた状況等にきめ細かに応じた支援を総合的・体系的・継続的に実施することにより、安心安全と信頼のネットワークに支えられた共生社会の構築に一層関心を払うべきである」と提案している。ここでは、「全ての子供・若者が健やかに成長し、全ての若者が持てる能力を生かし自立・活躍できる社会の実現」がスローガンとされているが、「自立・活躍」というワードに拘らず、子ども・若者当事者の目線から、子ども・若者1人1人の状況に応じた総合的な支援を社会全体で重層

的に展開していくことが大切である。そのためには、従前から指摘されている「教育と福祉の統一」に向けた取り組みをはじめ、子ども・若者の育ちに係る施策と実践における統合化、包括化が検討され、模索されていくことが不可欠である。

　そして、第3点は、子ども・若者の育ちを取り巻く家庭、園学校、地域の教育を、多様性や異質性を当然の前提としつつ、家庭、園学校、地域住民等の連携・協働関係の構築という観点から位置づけていく必要があるということである。教育基本法は、第13条で、「学校、家庭及び地域住民その他の関係者は、教育におけるそれぞれの役割と責任を自覚するとともに、相互の連携及び協力に努めるものとする」と定めているが、同規定について、国・文部科学省は、「教育の目的を実現する上で、学校、家庭及び地域住民等の相互の連携協力が重要である」と説明している。子ども・若者の心身ともに健やかな育ちに向けて、それに関わる保護者、保育者・教師、地域住民、その他関係者が連携・協働していくこと自体は、確かに必要不可欠である。しかしながら、そこで肝要であるのは、「地域全体で子どもを育む仕組みづくり[8]」ということはあっても、具体的には何をどのようにめざしていくのか、その目的と内容、方法が真摯に問われていかねばならないということであろう。例えば、子ども・若者の心身ともに健やかな育ちにとって、「早寝、早起き、朝ごはん」というスローガンの大切さは十分理解できたとしても、それを国が提唱し家庭に押しつけていくとしたら、好ましからざるものとなる。子ども・若者にどのように育ってほしいか、また、育てていくか。そこには見解の不一致や対立があり、決して強制されることはないという前提のもと、対話と納得の合意形成のプロセスを通して、家庭、園学校、地域住民等の連携・協働のネットワークが構築、運用されていくことが望まれる。

おわりに

　1989年11月に採択された国連・児童（子ども）の権利に関する条約は、「児童の最善の利益」（第3条）の尊重を基本理念とし、そのための子どもの権利の1つとして、「意見表明権」（第12条）を保障している。同条においては、「児童に影響を及ぼすすべての事項について自由に自己の意見を表明する権利を確保する」と規定しているが、18歳以上の子ども・若者を含め、保育、教育、福祉の

領域を中心に、こうした活動や取り組みがきちんと担保されているかを見定め
ていかねばならないであろう。子ども・若者の幸福の実現に向けて、子ども・
若者自身の意見（気持ち、願い、思い、希望、夢）を表明する（語る、表現する、示す）
機会や場所の十全な確保が欠かせないのである。

演習問題

1．子ども・若者の育ちの現状について調べてみよう。
2．近年における子ども・若者の育ちをめぐる施策と実践の動向についてまとめてみよう。
3．子ども・若者の育ちを保障する家庭、園学校、地域の教育はどのようなものであるか
　について考えてみよう。

注

1）内閣府「令和元年度子供・若者白書」2019年6月。
2）宮本みち子『若者が《社会的弱者》に転落する』洋泉社、2002年、4頁。
3）樋口明彦「若年者雇用政策の比較——日本・韓国・台湾における雇用と社会保障——」
　樋口明彦・上村康裕・平塚眞樹編『若者問題と教育・雇用・社会保障　東アジアと周縁
　から考える』法政大学出版局、2011年、59頁。
4）編集部「扉のことば・希望としての教育実践」『教育』第781号、2011年、1頁。
5）平塚眞樹「なにが若者育成支援か——日欧の比較——」『教育』第781号、2011年、18
　頁。
6）同「日本の若者政策をめぐる"公共圏と規範"」樋口明彦・上村康裕・平塚眞樹編前
　掲書、286頁。
7）伊藤良高「子どもの権利の思想と展開」伊藤良高・牧田満知子・立花直樹編著『現場
　から福祉の課題を考える／子どもの豊かな育ちを支えるソーシャル・キャピタル——新
　時代の関係構築に向けた展望——』ミネルヴァ書房、2018年、13頁。
8）文部科学省通知「教育基本法の施行について」（18文科総第179号）、2006年12月22日。

参 考 文 献

伊藤良高編集代表『ポケット教育小六法』（各年版）晃洋書房。
伊藤良高・伊藤美佳子編『乳児保育のフロンティア』晃洋書房、2018年。
伊藤良高・大津尚志・香﨑智郁代・橋本一雄編『保育者・教師のフロンティア』晃洋書房、
　2019年。
伊藤良高・中谷彪編『教育と教師のフロンティア』晃洋書房、2013年。
伊藤良高・永野典詞・大津尚志・中谷彪編『子ども・若者政策のフロンティア』晃洋書房、

2012年。

伊藤良高・永野典詞・三好明夫・下坂剛編『改訂新版　子ども家庭福祉のフロンティア』
　晃洋書房、2020年。

コラム1

▶子育て支援としての保育園の朝食サービス

子育て支援の拠点としての保育園

1990年代以降、日本においては合計特殊出生率の低下をきっかけとして、子どもと家庭を取り巻く環境の変化に着目されるようになり、その影響による子どもの育ちの困難さや家庭の子育ての負担、不安感の高まり、児童虐待相談件数の増加などが社会問題として提起されるようになった。また、乳幼児を養育する親が、育児に疲労していても助けを得にくい環境に置かれていることも指摘されてきた。

こうした状況のなかで、地域にある児童福祉施設としての保育所には、保護者に対する子育て支援の役割が求められるようになり、政策的には、2001年に児童福祉法が改正され、保育士の役割は、「登録を受け、保育士の名称を用いて、専門的知識及び技術をもつて、児童の保育及び児童の保護者に対する保育に関する指導を行うことを業とする者」（第18条の4）と規定された。また、その改正を受けて、2008年3月の「保育所保育指針」（以下、「保育指針」という）改定では、第6章「保護者に対する支援」が創設され、保育所に入所する子どもの保護者に対する支援および地域における子育て支援について具体的な内容が示された。全国の保育所では、保護者の仕事と子育ての両立を支援するため、また、地域の子育て家庭を支援するため、延長保育事業や病児保育事業、地域子育て支援拠点事業などさまざまな事業が展開されていった。

2017年3月改定の「保育指針」では、多様化する保育ニーズに応じた保育や特別なニーズを有する家庭への支援、児童虐待の発生予防および発生時の迅速かつ的確な対応など、保育所の担う子育て支援の役割はより重要性を増しているとの認識のもと、改定前の保育指針における「保護者に対する支援」の章が「子育て支援」に改められ、保護者・家庭および地域と連携した子育て支援の必要性が唱えられた。保育所には、保護者と連携して子どもの育ちを支えるという視点をもち、子どもの育ちを保護者とともに喜び合うことを重視して支援を行うとともに、地域で子育て支援に携わる他の機関や団体などさまざまな社会資源との連携や協働を強めていくことを求めている。

朝食サービスに取り組む保育園

食育基本法（2005年6月）は、その前文で、「子どもたちに対する食育は、心身の成長及び人格の形成に大きな影響を及ぼし、生涯にわたって健全な心と身体

を培い豊かな人間性をはぐくんでいく基礎となるものである」と述べている。また、第５条で、「食育は、父母その他の保護者にあっては、家庭が食育において重要な役割を有していることを認識するとともに、子どもの教育、保育等を行う者にあっては、教育、保育等における食育の重要性を十分自覚し、積極的に子どもの食育の推進に取り組むこととなるよう、行われなければならない」と定めている。同法を踏まえ、保育所にあっては、乳幼児期における望ましい食に関する習慣の定着および食を通じた人間性の形成や家族関係づくりによる心身の健全育成を図るため、保育所の特性を生かしつつ、食に関する取り組みが積極的に進められている。

　例えば、熊本県荒尾市にある桜山保育園では、2000年代中頃から、目の前の子どもの最善の利益を考え、その子どもの心身の発達に必要な支援を提供するという方針から、保育の一環として「朝食サービス」を実施している。筆者は、この取り組みを保護者支援という側面からとらえてみたいと考え、全国の保育所を対象にインタビュー調査を行った（2019年１月〜 ８月）。この時点で、朝食サービスを行っている園は全国で３園（いずれも私立認可保育所）のみであったが、すべてが自主事業というかたちで、園独自の方法で実施していた（伊藤聖良「保育所における『朝食サービス』の役割と課題についての研究——保護者に対する子育て支援の観点から——」2019年度関西学院大学大学院教育学研究科修士論文）。

　調査の結果、朝食サービスの意義として、「保護者に余裕ができる」、「安心感を得ることができる」、「保護者同士の交流が増え、異年齢交流もできる」、「保護者が支援を選択し利用する」、「親子でのコミュニケーションの時間の確保」、「保育者側の意識改革」の６点が把握できた。また、それらを保育所（保育者）の観点からとらえ直すと、① 親であることを認め、親が変化に向かうための余裕や安心感を提供する、② 親として他者と交流し社会関係を広げることを支える、③ 親が担える役割から段階的な親役割の発揮を支える、④ 保護者支援のための組織風土を醸成する、の４つのカテゴリに類別することができた。そして、朝食サービスの可能性として、① 保育者も支援に関わることで、保護者や子どもに影響を与えるだけではなく、保育者の保護者支援に対する姿勢が変化していく、② 保育所だけではなく幼稚園や他の施設においても実施されることで、従来からの固定観念や社会規範（朝食は、親が提供すべきである）に支配されずに保護者のさまざまなニーズに応えるなど保護者支援が多様性に富み、今後さらに発展していくきっかけになることが示唆された。

　朝食サービスをめぐる課題

　保育所における朝食サービスは、今日においても稀有な取り組みの1つであり、給食場面に比して研究蓄積もほとんどないことから、そのもたらす影響や効果が周知されていない状況にある。また、朝食の提供は「親がやるべきこと」だという周囲の認識や、保護者に対し「甘えている」ととらえる社会、保育者の解釈もある。しかし、上記の調査を通して、保護者の安心のための支援、保護者の養育力向上のための支援という保護者支援の意義をとらえることができた。また、当然のことながら、朝食サービスは子どもの心身の発達も支えている。

　このように、保育所における朝食サービスは、親と子の双方への支援の役割・機能を有すると考えられる。今後、朝食サービスが、子どもと保護者双方の育ちにとってよりよく機能するためには、1人1人の子どものさまざまな家庭環境に合わせた朝食サービス（さらには、必要に応じて、夕食サービス）のあり方を検討していくことが求められる。

コラム2

▶ SNS と子どもの生活

SNS をめぐる課題

　内閣府は、2016年第5期科学技術基本計画の中で狩猟社会、農耕社会、工業社会、情報社会に続くSociety5.0を提唱した。誰もが快適で活力に満ちた質の高い生活を送ることのできる社会の実現に向けたその取り組みは、急激なグローバル化の流れを受け、より便利で豊かな生活を手にすることが可能となる一方で、子どもたちを取り巻く環境も大きく変化し、近年いじめや犯罪等の社会問題はいっそう複雑さを増している。

　例えば、文部科学省の「児童生徒の問題行動・不登校等生徒指導上に関する調査（2018年）では、小・中・高・特別支援学校でのいじめの統計で、「パソコンや携帯電話等で、ひぼう・中傷や嫌なことをされる」が1万6334件となっている。これは、2013年調査時の8788件と比較し、この5年間で約2倍に増加している。一方、いじめの総数は、2013年の18万5803件から2018年54万3933件と約3倍に増加しているが、構成比でみると4.7%から3.0%に低下している。一見、ネット以外のいじめの割合が急増している様にもとれるが、子どもたちを取り巻くICT環境の変化、特にSNS（Social Networking Service）の普及は、すでに子どもたちの生活に深く結びつき、コミュニケーション手段や家庭での過ごし方そのものに大きな影響を与えている。

SNS 利用の実態

　総務省の通信利用動向調査（2019年）によると、6歳〜12歳で80.2%、13歳〜19歳では98.4%が家庭でインターネットを利用し、その中で、SNSを利用している割合は、6歳〜12歳で24.1%、13歳〜19歳で80.5%となっている。これは、すでにほとんどの家庭でネットを利用できる環境にあることに加え、5年前の2014年調査の、19.7%（6歳〜12歳）と63.7%（13歳〜19歳）と比較すると、SNS利用の低年齢化と利用率の増加が見てとれる。

　次に、株式会社NTTドコモモバイル社会研究所「ケータイ社会白書2019年度版」をもとに更に詳しく利用の実態を見ていきたい。

　まずは、「友人に日常会話を伝えるために最も多く使う手段」を見ると、2014年と2019年比で、「LINEのメッセージ」と「メール」が48.8%から63%に上昇している一方で、「通話」が33.4%から22.6%に低下し、「直接会って伝える」は9.1%と低い結果となっている。次にTwitterの「友達数」をみてみると、10代で平

均的なフォロー数が164人、フォロワー数が140人。このうち面識のあるフォロワー数が30人となっている。子どもたちは、自分や友人の情報を面識のない100人以上の人たちに向けて発信していることがわかる。最後に SNS の「利用時間」を見ると小学校 1 年生の 2 ％、中学校 1 年生の 5 ％が毎日 4 時間以上 YouTube を視聴し、LINE や Twitter も中学生の 2 ％程が毎日 4 時間以上使用している。

　このように、近年の ICT 環境の充実と SNS の普及は、子どもたちのコミュニケーション手段を文字中心のものに移行させつつあり、その対象が面識のない多数の相手におよび、更に、長時間利用による友人との直接的な交流機会の低下を招いている。では、子どもたちを取り巻く主要環境の 1 つである学校教育はどのように変化しているのであろうか。

教育の ICT 化

　文部科学省は、2010年に「教育の情報化ビジョン」を定め、教育の情報化の本格的な推進と情報モラル教育を含めた情報活用能力の育成を謳っている。それに伴う環境整備として、「教育の ICT 化に向けた環境整備 5 か年計画（2018 〜 2022 年度）」や翌年の「GIGA スクール構想」(2019) の中で、児童 1 人 1 台の学習用コンピューターの整備や ICT 支援員の配置、高速大容量通信ネットワークの一体的整備等を目標に掲げ、すべての子どもたちが日常的に ICT に触れ、ICT を活用した教育の場へと急速に転換が図られている。また、中央教育審議会「新しい時代の初等中等教育の在り方について」(2019年）でも Society5.0の到来に向けた求められる人材像や学びのあり方が示され、今後は、ICT の活用を通して、一斉一律の授業や同一学年集団の学習から、より個人の進度や能力、関心に応じたものを、異年齢集団に対象が拡大された中で、対話的な協働学習を重視し進められていくこととなる。

これからの子どもの生活を考える

　このように、便利で豊かな社会の実現に向かうさまざまな社会全体の取り組みは、子どもたちの学校や日常に大きな変化を与えている。学校では、子どもたちの実際の経験に基づく対話的な協働学習が求められる一方で、日常生活では、習い事中心か自宅で時間を持て余すことが増え、その向かう先が SNS になりつつあるという矛盾もはらんでいる。しかし、このような背景があるからこそ、改めて子どもたちの日常を見直す動き、特に放課後や休日の過ごし方に着目する動きも少しずつ広がりをみせている。

　例えば、地域交流や子どもたちの居場所作りの拠点として、子どもからお年寄りまでが自由に集い、料理体験や食事等、多様な経験がつめる取り組みとして、民間の団体やボランティアで運営される子ども食堂がある。NPO 法人全国こども食堂支援センターむすびえの2019年調査では、子ども食堂は全国に推定3718カ所存在する。その他、指導員を配置した上で、学校施設を開放し、子どもたちの自由な遊び場を提供する自治体もある。

　現在、国は女性の就業率の上昇を踏まえ、新・放課後子ども総合プラン（2018年）の中で、放課後児童クラブについて約30万人分の受け皿整備を進めている。しかし、今後は、すべての子どもたちの育ちや学びの場を保障する意味で、保護者の就労や金銭的な負担を伴わず、放課後に子どもたちが安全に自らの意思で自由に集える場所、まさに、学校生活と家庭生活の中間に位置する過ごし方を模索、充実させていくことが求められる。子どもたちにとって活力に満ちた質の高い生活とはどのようなものか。SNS をめぐるさまざまな課題は、改めて私たち大人に子どもが子どもであることの意味を問いかけているのではないだろうか。

第2章 教育の概念と教育の本質

はじめに

　教育を研究し実践しようとする者にとって、教育とは何かを明らかにすることは、根本的な、そして、また、永遠の課題であるといっても過言ではない。すなわち、それぞれにとって理想とする教育の姿を追い求めようとするとき、その営みである教育がいかなるものであるかを明確に意識しておかなければ、不十分なものにならざるをえないからである。これは、教育の概念、あるいは、教育の本質、目的・目標と呼ばれる領域に属する問題である。

　本章では、教育の概念と教育の本質、目標について、人間の幸福（ウェルビーイング）の実現という観点から考察することにしたい。内容としては、以下のようになる。まず、教育の概念と定義について、外国・日本の著名な教育思想家の定義を紹介しながら、整理、叙述する。次いで、教育の本質・目標について、人間形成という概念との関係で考察する。そして、最後に、教育の本質・目標をめぐる課題について指摘しておきたい。

1　教育の概念と定義

　教育の概念とは何か。この問いに答えることは決して容易いことではない。なぜなら、同じ教育という営みを対象としつつも、それに対するアプローチが多種多様に存在するからであり、その解は無数にあるともいえるであろう。ここでいう「概念」とは、一般に「多くの観念のうちから、共通の要素をぬきだし、それをさらに総合して得た普遍的な観念」、「おおよその理論や意味」[1]などと言い表すことができるが、ここでは、教育とは何かについての普遍的な理論や意味、要素を総合的に指し示したものととらえておきたい。

　この「概念」を短い文章で簡潔、明瞭に述べたものが「定義」である。教育

の理想または教育の現実について検討していく際に、まずは、この定義そのものを問うていくことが求められる。というのも、教育とは何か、その本質とはいかなるものであるかといったことが明確にされることによって、その意義や役割、機能、領域、対象、主体などが自ずと決まってくるからである。

　教育の定義については、これまで数多くの外国・日本の教育思想家が試みているが、以下では、それらのうち著名なものをいくつか取り上げてみたい。例えば、①「教育とは性能の調和的発達である」（ペスタロッチ）、②「教育とは人間の精神的本質を調和的に発達させることである」（ナトルプ）、③「教育は社会の機能である」（デュルタイ）、④「教育とは社会が若い世代を同化する作用である」（デュルケーム）、⑤「人間内部の価値創造力を伸ばして文化の伝達拡充することが教育である」（シュプランガー）、⑥「教育とは経験の意識的な再構成である」（デューイ）、⑦「教育は被教育者の発展を助成する作用である」（篠原(しのはら)助市(すけいち)）、⑧「およそ人の進歩発達を促進し、完成せんとする一切の尽力努力を称して、これを教育という」（乙竹岩造(おとたけいわぞう)）、⑨「教育とは意識的に計画的に人間を形成する働きである」（清水幾太郎(しみずいくたろう)）、⑩「自然生長的な形成の過程を望ましい方向にむかって目的意識的に統御しようとするいとなみをわれわれは教育と名づける」（宮原誠一(みやはらせいいち)）などである。[2]

　中谷(なかたに)彪(かおる)は、これら先人の諸定義を検討し、うち、①～⑧については、「いずれも一面の真理をうがっている」[3]が、「教育の本質と教育の目的とが混同され、教育の本質が常に美化されている。教育の現実と教育の理想とが区別されず、教育の理想で教育の現実が説明されている」[4]と批判する。そして、教育の科学的な研究を志向する立場から、教育を定義する場合の留意点を５点（ア．研究者の立場や主張を出してはいけない。イ．教育の対象を子ども、または若い世代ととらえることは狭すぎる。ウ．教育には目的がある。エ．教育は人間の成長と発達をはかる営みであるということが含まれていなければならない。オ．教育を無条件によいものであるとか、または悪いものであると考えてはいけない）を掲げたうえで、⑨、⑩に学びながら、次のように定義づけている。すなわち、「教育とは、ある一定の価値にむかって、計画的意識的に、人間の成長と発達を図っていく営みである」[5]と。

　ここには、「ある一定の価値」、「計画的意識的に」、「人間の成長と発達を図る」という３つのワードが盛り込まれ、それぞれ、順に、教育の目的、方法、内容をあらわすものとなっている。中谷が述べているように、この定義で問われるべきは、「『ある一定の価値』とは何かということであり、『計画的意識的に』と

はどういうことかということであり、『人間の成長と発達を図る』ということはどういうことを内容とするか[6]」である。教育の本質として、（いかなる内容か、また、どの程度までかは別にして）、人間の成長と発達を図らない教育というものは考えられない以上、「成長と発達」をキーワードとすることの大切さが示されているといえよう。

2　人間形成と教育の本質・目標

　人間形成とは何か。この問いについても、古今東西、さまざまな意見や考え方が提示され、展開されている。まずは、この概念について一定整理しておきたい。

　人間形成とは、字義的には、例えば、「国民各自が、一個の人間として、また一市民として、成長、発達し、自己の人格を完成、実現する[7]」又は、「子どもが将来一人前の大人になり、共同社会の一員としてその中で生活し、自己の人格を完成、実現していく[8]」ことなどであるといってよいが、人間は、「子ども」と呼ばれる時期から、ある特定の社会のなかでさまざまな作用や影響を受けながら自己を形成していく。それは、マルクスの言葉を借りれば、「労働生産の様式や生産関係、経済諸制度、そして、政治的支配体制、法律・道徳・知識・芸術・宗教などのすべてを含む社会的諸関係の複合を通して[9]」ということになるが、このように、社会におけるさまざまな組織や諸々の関係が、ときには矛盾や対立を伴いつつ、1人1人の人間形成に何らかのかたちで関わっているのである。

　伊藤良高は、「1人1人の人間が、人間として育てられ、育っていくことが人間形成である[10]」と述べているが、この「人間として育てられ、育っていく」過程において、きわめて重要な役割を果たすものが教育である。いずれの時代や社会にあっても、教育が「ある一定の価値」にむかって営まれるものであることから、それぞれにおいて志向すべき理想的な人間像（以下、「理想的人間像」という）が描かれることになる。この理想的人間像にむかって、人間の成長と発達を図っていく営みが教育であり、この点においてこそ、教育の本質が見いだされるといえよう。

　上述の理想的人間像は、さまざまな領域、分野（例えば、家庭、園学校、職域、地域）で多様な形で表明されるが、それらを具体化したものが教育の目的・目

標である。現代日本において、教育の目的を示したものとして、教育基本法(2006年12月)が挙げられる。同法第1条は、教育の目的について、「教育は、人格の完成を目指し、平和で民主的な国家及社会の形成者として必要な資質を備えた心身ともに健康な国民の育成を期して行われなければならない」と規定している。ここでいう「人格の完成」とは、一般に、「人間の諸性質、諸能力、諸要求の統一、調和の姿[11]」であり、個人の価値と尊厳との認識に基づいて、人間性に含まれている様々な能力が十分に引き出され、活かしつくされている状態を指していると解されている[12]。また、第2条は、教育の目標として、「幅広い知識と教養を身に付け、真理を求める態度を養い、豊かな情操と道徳心を培うとともに、健やかな身体を養うこと」など、第1号から第5号まで5項目について定めている。これらを受けて、より具体的な内容が学校教育法(1947年12月)などにおいて示されている(例えば、同法第21条(義務教育の目的)、第22条(幼稚園の目的)、第23条(幼稚園の目標)、第29条(小学校の目的)、第30条(小学校の目標)など)。

いま、人間の幸福を「国民一人一人が、自己の人格を磨き、豊かな人生を送ることができる」(教育基本法第3条)という観点からとらえれば、それは、教育の範疇にあっては、「生涯にわたって、あらゆる機会に、あらゆる場所において学習することができ、その成果を適切に生かすことのできる社会の実現が図られなければならない」(同)ということになるであろう。人間形成における教育の目的・目標の達成に向けて、生涯学習と教育の機会均等の理念が欠かせないのである。

3 現代日本の教育の本質・目標とそれらをめぐる課題

では、現代日本の教育の本質・目標とそれらをめぐる課題とは何であろうか。以下では、3点指摘しておきたい。

第1点は、現代日本の教育の本質・目標を、常に、すべての人間の幸福の実現という観点からとらえていくということである。日本国憲法(1946年11月)第13条は、すべて国民は「個人として尊重される」ことを明記し、「生命、自由及び幸福追求に対する国民の権利については、……、最大の尊重を必要とする」と規定している。ここで重要であることは、基本的人権が「侵すことのできない永久の権利として」(第11条)国民に与えられているのは、その目標としての「幸福を追求する」、「幸福に生きる」ためにということである[13]。

　上述した教育基本法の教育の目的・目標については、「『人格の完成』した人間像が、『個人の完成』を素通りして、直ちに『国家及び社会の形成者』と連結されている[14]」、上からのお仕着せの「人間像（人間の育ち方、生き方）を公教育の名において押し付けてよいのか[15]」といった批判が出されているが、まさに国民 1 人 1 人の人格的自律と内心の自由（思想及び良心の自由）とを保障するものであるか否かが真摯に問われることになるであろう。すべての人間の幸福の実現を目指し、教育の目的・目標において、内心の自由を尊重した自主的・自律的な人格形成が志向されていくことが望まれるといえよう。

　第 2 点は、現代日本の教育の本質・目標を、すべての人間の生涯にわたる人間形成という観点から位置づけていく必要があるということである。2018 年 6 月に閣議決定された「教育振興基本計画」は、今後の教育政策に関する基本的な方針の 1 つに、「生涯学び、活躍できる環境を整える」を掲げ、「人生 100 年時代を見据えた生涯学習の推進」に向けて、「今後、生涯にわたり必要な知識や技能、技術を学び、活用し、知的・人的ネットワークを構築し、人生の可能性を広げて新たなステージで活躍するというサイクルを実現し、人生を豊かに生きられる環境を整備することが不可欠となる」と述べている。国民 1 人 1 人の人格的自律と内心の自由とを保障した「人格の完成」に向けて、「生涯学ぶ」という営みは、あらゆる機会に、あらゆる場所において実現されなければならない。また、そうした学びは、あくまでも当事者の主体的なニーズや要望に応えることができるものであることが大切である。学ぶこと自体が大きな喜びであり、何よりも楽しいものとなるために、「いつでも、どこでも、何度でも」（同計画）、さらには、「無償ないしきわめて低額で」学べる環境を社会全体で整備していくことが不可欠である。

　そして、第 3 点は、現代日本の教育の本質・目標の実現を、「子どもの現在及び将来がその生まれ育った環境によって左右されることのないよう」（子どもの貧困対策の推進に関する法律。2013 年 6 月）、保育、福祉、保健、医療その他関連する領域・分野との関わりにおいて包括的、包摂的に推進していく必要があるということである。近年、日本においてもようやく「子どもの貧困」や「若者の貧困」が社会問題として議論され、検討されるようになっているが、そのなかでより明らかになってきたことは、子ども・若者の心身ともに健やかな成長と発達のためには、すべての子ども・若者にとって、「適切に養育されること、その生活を保障されること、愛され、保護されること、その心身の健やかな成

長及び発達並びにその自立が図られることその他の福祉を等しく保障される」
（児童福祉法第1条。1947年3月）必要があるということである。すなわち、子ども・
若者は、「良い環境のなかで育てられる」（児童憲章前文。1951年5月）ことが求め
られるのである。子どもの心身ともに健やかな育ちに向けて、教育のみならず、
否、教育だけではそのことを果たすことはできず（例えば、お金がないと進学でき
ない、部活をすることができない）、子ども・若者に係るすべての施策と実践にお
ける総合化と包括化が図られていくことが求められる。

おわりに

　教育または人間形成は、まさしく当事者自身に関することであり、人間が幸
福に生きる、暮らすために決して欠かすことはできないものである。その意味
で、「人権中の人権」といってよいが、教育の本質・目標それ自体が、1人1
人の豊かで安心できる生活のなかで、自分らしく生きていくことに資するもの
でなければならない。教育によって傷つけられ、教育から排除されるような社
会にあっては、人間の幸福はあり得ない。

演習問題

1．教育の概念と定義についてまとめてみよう。
2．人間形成との関係で、教育の本質について整理してみよう。
3．現代日本の教育の本質・目標をめぐる課題について考えてみよう。

注
1）金田一京助・佐伯梅友・大石初太郎・野村雅昭編『新選国語辞典』第8版、小学館、
　2009年、192頁。
2）中谷彪『教育基本法と教員政策』明治図書、1984年、60-61頁。以下、ここで取り上
　げられている人物についてそれぞれ、ごく簡単に紹介しておきたい。
　・ペスタロッチ（1746〜1827）スイスの教育者。愛を中核とする道徳教育を重視。
　　主著『隠者の夕暮』（1780）。ペスタロッチー（長田新翻訳）『隠者の夕暮・シュタ
　　ンツだより』岩波文庫、1982年、等参照。
　・ナトルプ（1854〜1924）ドイツの哲学者・教育学者。社会教育学を樹立。主著『社
　　会的教育学』（1899）。パウル・ゲルハルト・ナトルプ（篠原陽二監訳）『社会的教
　　育学』玉川大学出版部、1983年、等参照。

　　・デュルタイ（1833 ～ 1911）ドイツの哲学者。主著『精神科学序説』（1833）。ヴィ
　　　ルヘルム・ディルタイ（三枝博音翻訳）『精神科学序説』大村書店、1928年、等参照。
　　・デュルケーム（1858 ～ 1917）フランスの社会学者。
　　・シュプランガー（1882 ～ 1963）ドイツの哲学者・教育学者。文化教育学を確立。
　　　主著『生の形成』（1921）。シュプランガー（伊勢田輝子訳）『文化と性格の諸類型』
　　　明治図書出版、1961年、等参照。
　　・デューイ（1859 ～ 1952）アメリカの哲学者・教育学者。プラグマティズムの立場
　　　からの教育論を展開。主著『民主主義と教育』（1916）。デューイ（松野安男翻訳）『民
　　　主主義と教育（上）（下）』岩波文庫、1975年、等参照。
　　・篠原助市（1876 ～ 1957）教育学者。「個性の歴史化」を主張。主著『個性の歴史化』
　　　（1942）。
　　・乙竹岩造（1875 ～ 1953）教育者・教育学者。「特殊教育」の振興に寄与。主著『新
　　　教授法』（1909）。
　　・清水幾太郎（1907 ～ 1988）社会学者・教育評論家。
　　・宮原誠一（1909 ～ 1978）アメリカ教育学研究者・社会教育学者。主著『教育と社会』
　　　（1949）。
 3 ）同上、61頁。
 4 ）同上。
 5 ）同上。
 6 ）同上、61-62頁。
 7 ）最高裁判所大法廷「北海道学テ事件判決」1976年 5 月21日。
 8 ）同上。
 9 ）マルクス「フォイエルバッハに関するテーゼ（第 6 テーゼ）」1845年。
10）伊藤良高「人間形成と教育の理念・思想」伊藤良高・冨江英俊編『教育の理念と思想
　　のフロンティア』晃洋書房、2017年、 1 頁。
11）文部省『教育基本法説明資料』1947年 3 月。
12）同上。
13）伊藤良高「親と子の『幸福』と子ども家庭福祉」伊藤良高・永野典詞・三好明夫・下
　　坂剛編『改訂新版　子ども家庭福祉のフロンティア』晃洋書房、2020年、 2 頁。関連し
　　て、中谷彪「『教育を受ける権利』から『人格の完成への権利』へ──国民の教育権論
　　への提言──」日本保育ソーシャルワーク学会編『保育ソーシャルワーク学研究』第 5
　　号、2020年、を参照されたい。
14）中谷彪「教育基本法の人間像と幼児教育」伊藤良高・中谷彪・北野幸子編『幼児教育
　　のフロンティア』晃洋書房、2009年、21頁。
15）同上。

参 考 文 献

伊藤良高編集代表『ポケット教育小六法』（各年版）晃洋書房。

伊藤良高編著『第2版　教育と福祉の課題』晃洋書房、2017年。

伊藤良高・伊藤美佳子『新版　子どもの幸せと親の幸せ──未来を紡ぐ保育・子育てのエッセンス──』晃洋書房、2017年。

伊藤良高・伊藤美佳子編『乳児保育のフロンティア』晃洋書房、2018年。

伊藤良高・下坂剛編『人間の形成と心理のフロンティア』晃洋書房、2016年。

中谷彪・伊藤良高編著『改訂版　歴史の中の教育〈教育史年表〉』教育開発研究所、2013年。

中谷彪・小林靖子・野口祐子『西洋教育思想小史』晃洋書房、2006年。

中谷彪・浪本勝年編集『現代教育用語辞典』北樹出版、2003年。

第3章

教育の理念と近・現代の教育思想

はじめに

　「教育とは何か」、「教育はどうあるべきか」という教育の理念や教育思想は実にさまざまなものがあるが、そのなかから本章では、「近代学校に大きな影響を与えた欧米の理論」を取り上げることとしたい。もちろん、教育は学校だけで行われているわけではなく、中国や日本にも優れた教育思想はあるが、近・現代を考えるにあたって、学校という教育の場（機関、しくみ、組織）が、他の教育の場（家庭や地域社会など）より圧倒的な位置を占めているのは間違いないのである。

　本章では、次の3節に分けて概説する。第1節では近代学校の基礎を作った教育思想としてペスタロッチ（J. H. Pestalozzi）とヘルバルト（J. F. Herbart）を中心に、第2節では新教育運動について、第3節は近代学校批判の教育思想としてイリイチ（I. Illich）の脱学校論、そしてそれ以降の思想としてハーバーマス（J. Habermas）の近代擁護の理論について考察し、「おわりに」では今後の教育の場について考えていくことにする。

1　近代学校の基礎を作った教育思想

　今日、「学校」という場はごく普通に世界中に存在している。教室があり、学年や学級があり、学ぶ内容（カリキュラム）があり、それが記載されている教科書がある。「学齢期」になった子どもは大半の者が学校に通い、教える教師がいる。あまりに当たり前の「学校」という学び場であるが、歴史を振り返ると、このようなしくみを持つ学校はそんなに古くからは存在していない。国民国家の成立や発展とともに、19世紀後半から急速に量的な拡大をみたのである。従って、今日存在している学校は、それ以前の学校と区別するために、「近代[1]

学校」と呼ばれることが多い。本章でもこの呼称を用いる。

　それでは、近代学校が世界中で広まったのは、なぜだろうか。一言で言えば、それを可能にした教育理念、または教育の方法や技術が生まれたからである。特に重要であると考えられるペスタロッチとヘルバルトという 2 人の人物に焦点をあてて考察する。

　ペスタロッチは、18世紀後半から19世紀初頭にかけて活躍した教育者である。貧民学校や孤児院を次々と設立するも、多くは短期間で閉鎖を余儀なくされてしまい、数々の困難に突き当たるが、生涯にわたってすべての他人のために尽くした彼の生き様は、今日においてなお高く評価されている。彼の教育において重視したものは、子どもの「直観」であった。抽象的概念を教える前にまず具体的事象に触れさせ、その数や形や言葉について子ども自身が直観的に知覚することが重要で、そのような教授により、「曖昧な直観」から「明晰な概念」へ子どもが導かれるとしたのである。また、教育の場としては、ペスタロッチは「居間の教育」という言葉に代表されるように、家庭教育の重要性、家庭団らんの教育効果をうたっている。一方で、この直感教育をもとにした教授法である「メトーデ」を考案した。[2) 子どもに寄り添う（子どもを中心に、第一に置く）という教育の理念を、家庭から学校へとつなげたことが、ペスタロッチの功績の一つといえよう。

　このペスタロッチの理念をさらに深めたのがヘルバルトである。彼は、19世紀初頭に教育学の大学教授として活躍し、教育学を学問として位置付けたことで知られる。代表的な著書『一般教育学』において教育を「管理」「訓練」「教授」の 3 つの領域に分けた。このうち「教授」が、新たな経験や交流を生むものであるとし、「教授」の方法について、「明瞭—連合—系統—方法」の 4 つの段階から構成されるべきとした。このヘルバルトの考え方は、「ヘルバルト学派」といわれる多くの者に継承され、発展していった。なかでもライン（W. Rein）とツィラー（T. Ziller）が著名で、この 2 人により、4 段階教授法は、5 段階教授法としてさらに緻密化された。「予備—提示—比較—総括—応用」という段階で、予備とは「新しい観念（表象）の習得に必要な既有の観念の整理」、提示とは「新教材の提示」、比較とは「新旧観念の比較」、総括とは「新旧観念を一つの体系に組織化」、応用とは「体系化された知識の応用」という内容となっている。[3)

　この 5 段階教授法の基本的な考え方は、アメリカや日本をはじめ、世界中に

広まったといってよい。私たちがこれまで学校教育において受けてきた授業は、大なり小なりこの段階教授法に乗っ取っていると考えてよいのである。

2　新教育という教育思想

　近代学校が量的拡大をみた後、19世紀末から20世紀の前半において世界的に「新教育運動」が起こる。新教育運動とは、これまでの教育が知識の注入を中心とした画一的なもので、教師が中心となった教育活動であると批判し、子どもの個性や興味・関心を重視して、自発的な活動を尊重していこうとする教育思想である。その最も中核となる理念は、「子ども中心主義」で、子ども自らが考えて行動することが何より重要という考え方である。「子ども中心主義」の理念自体は、新教育以前からあった。前出のペスタロッチもその立場なのであるが、学校という場で、教育実践として「子ども中心主義」の教育が行われたことが、新教育運動の特徴である。

　新教育運動が語られる時、特によく取り上げられるのは、ドイツとアメリカでのさまざまな実践例である。[4]ドイツにおいてはケルシェンシュタイナー(G. M. Kerschensteiner)の「労作学校」が展開された。木工や金属加工、調理、物理や化学の実験などのように、子どもが作業を行う教育を重視し、労働意欲を持つことを重視した。この思想はリーツ（H. Lietz）が設立した全寮制の学校、「田園教育舎」にも類似するものがある。一方、アメリカにおいては、「進歩主義教育」という言葉で新教育運動が語られ、その最も有名な人物がデューイ（J. Dewey）である。デューイの思想の最も基本となるのは「プラグマティズム」（経験主義）である。観念的・思弁的ではなく、人間の経験や行動を重視する哲学である。この哲学をもとに「実験学校」（デューイ・スクールとも呼ばれる）を創設し、子どもの自発的活動を重視する教育を行った。

　新教育運動は、結果的に国家主義体制の教育に加担する面があった、「子ども中心主義」ということが過度に強調されて学力がつかない、などと批判されてきた。そして今日の学校における教育活動において、主流を占めているわけではない。しかし、「教育とは本来こうあってほしい」という理想形として、時代を超えて認識されていると、今井康雄は指摘している。[5]「受験教育」や「詰め込み主義」が批判される時、その根拠となるのは新教育の理論であり、「生活科」や「総合的な学習の時間」などの「ゆとり教育」という理念も、ルーツ

は新教育にあるとしている。それだけ重要な思想（運動）といえるであろう。

　このような新教育運動は、ヘルバルト派の教育を「旧教育」として批判の対象とするが、当然のことながら、「旧教育」のおかげで広まった近代学校というしくみがなければ、新教育運動もなかったわけである。近代学校そのものの存在を前提として成り立っている点では、旧教育と新教育は同じ地平に立っているともいえる。その前提を相対化しようとしたのが、次に挙げるイリイチの脱学校論である。

３　近代批判とその後の教育思想

　イリイチは、学校とは神話を作り出していくところとし、学校そのものの存在を否定する「脱学校論」を唱えた。その神話とは、「何でも数量化して測定することにより、人々の優劣がわかるという神話」や、「１つのことを学べば、その次にさらに学びたくなるという、無限に進歩するという神話」などがある。そして、学校で教える知識や技術が広まって価値を持つ社会を「学校化された社会」と呼ぶ。学校化された社会では、専門家が制度を作り、その結果人々は不幸になっていると指摘している。一例として、病気になれば人々は資格を持った医者に頼ろうとし、自分の力だけで治そうとしない、自分で治そうとするのは良くないという価値観が作られ、個人としての潜在的な能力が失われていくという構造があるとした。

　イリイチは近代という時代そのものを批判し相対化したポストモダンの思想の代表例である。このイリイチの脱学校論は、不登校の者が通うフリースクールなどのオルタナティブ教育[6]に影響を与えた。しかし、学校という仕組み全体が根こそぎ変わるということはなかった。それだけ学校という存在は、世界中で私たちの生活に空気のように存在しているといえるであろう。

　イリイチに代表されるような近代学校の批判に対して、近代学校やそこで行われる教育を擁護する立場の理論も登場した。その代表例がドイツのハーバーマスである。ハーバーマスは言語によるコミュニケーションを重視した。合意に至る過程で自由な意見が表明され、真理をつくり上げていく。対等な立場で耳を傾け、強制の伴わない合意を形成することが肝要だと考えるのである。ハーバーマス自身は、学校や教育に直接言及したものは少ないが、各自の自律的な語りを促し議論を通じて民主的な社会のメンバーを育成するという考え方が、

教育に取り入れられればよいと考えられ、現代の教育思想の１つの代表例として位置づけることができる[7]。

おわりに

　ここまで「近代学校」に大きな影響を与えた欧米の理論を説明してきた。最後に、近年のインターネットの爆発的な普及により「教育の場」が変化する可能性について指摘しておく。インターネットを生活のさまざまな場面において利用することは、私たちの日常生活に深く入り込んでおり、新型コロナウィルス感染拡大という世界的現象の後、ますますその傾向は強まっているといえる。子どもたちも同様で、スマートフォンやパソコンなどの機器を所有して使用する子どもの割合は急激に増加している。現状の教育施策は「GIGA スクール構想」など、あくまでも学校内部でのICT の活用という範囲に留まっている。しかし、無限といっていいインターネット空間においては、欲しい知識や情報がいつでも手に入り、世界中の人とつながることが出来る。このような状況において、学校で行われる教育は、大きく変容する可能性がある。さらに言えば学校の存在意義が問われるということにもなりかねない。

　実は、今日のこの状況は、イリイチが描いていた理想形に近いものなのである。イリイチは、学ぼうとする者と、模範となる人物、ともに学ぶ仲間を結びつける「機会の網状組織（opportunity web）」を、学校に代えて構築することを提案しているが、まさにこれはインターネットの普及によって実現しつつあると、越智康詞は指摘している[8]。これまで、「教育の場」として圧倒的な地位を占めていた学校が、今後どのように変化していくのか、または「どう変化するべき」と人々がとらえるのか、大いに注目されるところである。

┌─────────┐
│ 演習問題 │
└─────────┘
　1．ヘルバルトの段階教授法について調べてみよう。
　2．新教育運動によって作られた学校を１つ以上取り上げ、詳しく調べてみよう。
　3．イリイチの脱学校論について、どこまで実現可能であるのか考えてみよう。

注
　1）近代以前の学校は、中世ヨーロッパにおいてカトリック教会に付属していた「スコラ」

など、一部の者を対象としており、人間形成の場ではなく聖職者を養成するための職業学校といった面が強かった。

2）「メトーデ」とは、ドイツ語で「方法」の意味である。

3）加藤聡一「近代教育思想——ルソーからヘルバルト学派まで——」滝沢和彦編著『教育学原論』ミネルヴァ書房、2018年、75-85頁。

4）ドイツとアメリカ以外の例を出しておくと、イギリスではニイルがサマーヒル学園を開校した。授業への出席は自由で、生徒の自治を重視した学校である。日本では沢柳政太郎が成城小学校を創設し、「個性尊重」を掲げ児童の自主性を重んじる教育を行った。

5）今井康雄編『教育思想史』有斐閣、2009年、289頁。

6）伝統的な学校とは異なる、新しい理念を持った教育のことで、フリースクールの他には、学校に行かず家庭で教育を受けるホームスクーリングなどが含まれる。

7）このハーバーマスの解釈は、山口毅「現代における教育思想」伊藤良高・冨江英俊編『教育の理念と思想のフロンティア』晃洋書房、2017年、31-37頁に拠った。

8）越智康詞「脱学校論」酒井朗・多賀太・中村高康編著『よくわかる教育社会学』ミネルヴァ書房、2012年、28-29頁。

参 考 文 献

大澤真幸『社会学史』講談社現代新書、2019年。

木村元・小玉重夫・船橋一男著『教育学をつかむ［改訂版］』有斐閣、2019年。

木村元・汐見稔幸編著『教育原理』ミネルヴァ書房、2020年。

コラム3

▶或る教育家の思想①──シュタイナー

「多才な人」シュタイナーの教育思想

ルドルフ・シュタイナー（Rudolf Steiner, 1861
-1925）（図1）は、ドイツ、スイスを中心に活躍
した思想家で、教育、芸術、農業、建築、経済な
どさまざまな分野で活躍した「多才な人」であった。
なかでもとくにシュタイナー教育（ヴァルドルフ
教育）の創始者として広く知られており、その教
育思想に基づくシュタイナー学校（ヴァルドルフ
学校）は、2020年現在、世界で1200校を超えてい
る（日本国内では7校）。

図1　ルドルフ・シュタ
イナー

　シュタイナー教育には、人間の発達をおおむね7年ごとのまとまりでとらえる
という特徴がある。この発達論では、0歳から7歳頃まで（第1・7年期）の、
自然素材に囲まれた環境のなかでリズムを大事にする教育、7歳から14歳頃まで
（第2・7年期）の芸術に満ちた授業、14歳から21歳頃まで（第3・7年期）の、
主に知性を通じた授業や学びを経て、子どもたちは一人前になっていくと考えら
れている（ただし、シュタイナー教育が対象としているのは、一般的に12年生（18
歳）までである）。

「見えないもの」を前提とした「自由への教育」

　シュタイナー教育に関しては、こうした7年ごとのまとまりに対応する形で変
化する具体的な教育方法に注目が集まることが多い。シュタイナー幼稚園の軸と
なっている、「拡散」（外遊びなどの外に向かう活動）と「収縮」（お話をみんな
で聞くなどの集中する活動）の繰り返しのリズムや、シュタイナー学校のカラフ
ルなノートや黒板絵などについては、子育て・教育をテーマとする雑誌やイン
ターネットのサイトなど、さまざまなメディアで紹介されている。では、シュタ
イナー教育では、なぜこうした特色ある実践が行われているのだろうか。

　それには、シュタイナーの教育思想が「見えないもの」を前提としているとい
うことが関係している。シュタイナーの人間観によれば、私たち人間は、目に見
える物質的な「肉体」のほかに、その肉体が（死んだ後のように）崩れてしまわ
ないよう維持する、いのちの働きをつかさどる「エーテル体」、快や不快、感情
など心の働きを担う「アストラル体」、そして、自分を「私」であると言える精

神的な主体としての「自我」から成る存在だと考えられている。そして、これら
4つの層が、まず0歳で肉体が生まれ、7歳ごろにエーテル体が生まれ、14歳ご
ろにアストラル体が生まれ、21歳ごろに自我が生まれ……というように、段階的
に誕生していくとされる。このため、7年ごとに発達の特徴が変わり、教育方法
も、それに合わせた特色をもつことになるのである。

　例えば、0歳から7歳までの子どもは、肉体は生まれてきているものの、その
他の層はまだ覆いのなかにあるような状態にあるとされる。この状態では、精神
の働き、心の働き、肉体のなかの感覚の働きなどがまだきちんと分化しておら
ず、すべてが一体となったあり方をしている。このため、この時期の子どもは全
身が「感覚器官そのもの」と言われるような状態になっていて、周囲のものを、
大人たちのしぐさであれ、心情や考えであれ、おもちゃであれ、環境であれ、す
べて感覚を通じて丸ごと自分のなかに取り込んでしまう。だからこそ、この時期
の敏感な子どもたちの感覚を保護するために、過度な刺激を避け、日ごと・週ご
とに繰り返される拡散と収縮のリズムのなかで、子どもたちが安心感を得られる
ような配慮がなされている。

　また、7歳から14歳までの子どもは、肉体・エーテル体までは生まれているも
のの、アストラル体・自我が覆われていることと関係して、知性に訴えるにはま
だ早いと考えられる。このことから、この時期の教育においては、子どもたちに
論理的なプロセスを追って説明を行ったり、自分で判断した意見を言うよう求め
たりすることよりも、美しいイメージや色彩、教師の語りなどを通した芸術的な
授業を行うことが必要であるとされるのである。

　このような教育を経て、アストラル体が生まれる14歳頃から、徐々に子どもた
ちは自分の判断ができるようになるため、知的な働きかけも許されるようになっ
ていく。そして、こうした教育のすべては、自我が誕生するとされる21歳頃から、
それぞれの子どもが「自由」な人間として歩んでいけるようになることを目指し
て行われている。このため、シュタイナー教育はしばしば「自由への教育」と呼
ばれる。

　　「見えないもの」についての語りによって見えてくるもの
　シュタイナーは、このように、自身の教育思想のなかで「見えないもの」につ
いて語ることを大切にしていた。しかし、「エーテル体」や「アストラル体」といっ
た対象は実証不可能なものである。シュタイナーの思想は、こうした特徴ゆえに
拒絶されることもある。

　ただし、シュタイナー思想において、「見えないもの」についての語りは、上記のような個別の教育方法を生み出していることのさらに奥で、より根源的な意味をもつ。それが、「エゴイズムの克服」である。シュタイナーは、その初期の著作から一貫して、エゴイズムの克服を時代の課題と見ていた。しかし、なぜ「見えないもの」についての語りがこの課題につながるのだろうか。

　シュタイナーがエゴイズムの克服の具体的なイメージとして思い描いていたのは、それぞれの個人が、皮膚によって周囲から区切られた「この私」でありつつも、同時に、理念世界の全体を反映する「私」として行為できることであった。理念世界とは、星の運行の法則などを含む、宇宙的な精神の世界を指す。そのとき、「私」の意志に基づく行為は、「私」から生じる自由なものでありながら、狭い、「この私」の幸福「だけ」を考えるエゴイズムに陥らない。そこでは、同じ理念世界を共有する他者や動物、植物なども「自分ごと」の範囲に含んだ「私」としての行為がなされるためである。

　人々が、それぞれの「この私」に、こうしたより広い「私」を重ね合わせて生きていく上で、「見えないもの」についての想定が重要な役割を果たす。なぜなら、「見えるもの」だけで世界をとらえようとすれば、皮膚の区切りを超えて「私」を意識することは難しいが、「見えないもの」を考えることで、「私」と世界との思わぬつながりが見えてくるためである。

　シュタイナーが、その膨大な著作・講演録のなかで、エーテル体やアストラル体、あるいは理念世界を通じた自分と他者のつながりや、人体と天体、動物、植物との関連など、「見えないもの」を積極的に語った背景には、このように、その語りを受け取る読み手や聞き手の「自分ごと」の範囲を拡大していくというねらいもあったと考えられる。「見えないもの」についての語りは、それがあることによって、人々をエゴイズムの克服に向けて1歩動かす力をもつと言えるのである。ただし、こうした「見えないもの」が、シュタイナー学校に通う子どもたちに直接教えられることはない。あくまで、教師が「見えないもの」の想定のもとに子どもたちに向き合うことが、間接的に、子どもたちの「この私」の枠が固くなりすぎないよう作用していると考えられる。

　こうしたことを踏まえて見るとき、シュタイナーの教育思想を、「見えないもの」を前提としていることをもって切り捨てるのではなく、その前提があるからこそ子どもの見方や子どもへの態度がどうなっているのかについて、より積極的かつ慎重な検討がなされることが必要であるように思われる。

コラム4

▶或る教育家の思想②——デューイ

プラグマティズムの哲学者

ジョン・デューイ（John Dewey, 1859-1952）（図
1）は、チャールズ・サンダース・パース、ウィ
リアム・ジェイムズと並び、19世紀後半から20世
紀にかけての米国プラグマティズムの形成と展開
に貢献した哲学者である。とりわけ、進歩主義や
経験主義に基づく教育の理論と実践に大きな影響
を与えた思想家としても知られている。デューイ
は、『学校と社会』（1899年）、『子どもとカリキュラ
ム』（1902年）、『思考の方法』（1910年、1933年に改
訂版を出版）、『民主主義と教育』（1916年）、『教育
科学の本源』（1929年）、『経験と教育』（1938年）な
ど、多くの教育的著作を世に問うた。その関心は、

図1　ジョン・デューイ

哲学、倫理学、論理学、そして教育学の分野にわたる仕事はもちろんのこと、心
理学、政治学、経済学、芸術論、宗教論といった人間の生活や経験に深く関わる
領域の議論にまで幅広く及んでいる。92歳で幕を閉じる長い生涯のうちに、
デューイは32冊の著作、600篇以上の論考、135編の書評を著わしたといわれてい
る[1]。現在までに、37巻の著作集をはじめ、書簡集、詩集、未公刊の草稿をもとに
した書籍などが出版され、21世紀に至る今日においてもなお、デューイに関する
たくさんの研究書が刊行され続けている。

哲学の理論や価値を実験する教育

哲学における古典的プラグマティズムの中心的な主張のひとつとして知られ
ているのは、あらゆる観念や知識の意味が行為のなかで示される「実際的帰結」
（パース）によって確かめられなければならないという格率である。デューイは、
まさに哲学が思い描く諸々の理論や価値を具現化し、その真価を実際に試す実験
室として教育の営みをとらえていた。デューイは、主著『民主主義と教育』のな
かで次のように語っている。「哲学は、何をなすべきか、何をなすべきでないか
ということに関してその哲学に相当する教育論なしには、いかなる成功をもおさ
めることができない[2]」。

こうしたプラグマティズムの発想が実によく表われているのが、彼の組織案を

もとに構想され、1896年1月に16名の生徒と2名の教師とで開校したシカゴ大学実験学校（当初は大学附属小学校として始まり、規模を拡大させ、後にデューイ・スクールと称されることにもなる学校）である。デューイは1894年にシカゴ大学に着任し、哲学・心理学・教育学の主任教授として活動した。このシカゴ大学に置かれた学校は、まさに教育を研究し、教育問題を解決するための実験室として、附属学校の教師たちや教育学科の大学院生の研究の足場となり、多くの教師たちによって、子どもの学びを中心とした新しい教育のための実験的試みが行われた。そこでは、子どもの日々の活動や、そこで見られる子どもたちの何かを伝えたい、作りたい、探究したい、表現したいという「本能的・衝動的態度」を教育活動の出発点に据えながら、工作、織物、料理といった「オキュペーション（仕事）」と呼ばれる活動を通して、子どもたちの日常の生活経験と歴史、地理、物理、化学、芸術、算数、読み書きといった学校で学ぶ事柄とを有機的に関連づけていくためのさまざまなカリキュラムが考案され、実践されていった。[3]

学校の学びと子どもたちの生活経験をどう結びつけるか

　デューイは、この実験学校での活動の成果を報告した『学校と社会』のなかで、伝統的な学校の学びが子どもの生活経験から「孤立」してきたことに疑問を投げかけている。デューイによれば、学校は、子どもが経験している日常の生活から切り離され、機械的で画一的なカリキュラムや教育方法によって抽象的な知識や記号を教授する場所となり、往々にして子どもの学びを受け身にしてしまう傾向にある。[4] しかし、子どもの学びは「生活することをとおしてこそ、また、生活することとの関連においてこそ」生じるものであり、「子どもはすでに徹底して活動的であ」り、「教育の問題は、子どものこのさまざまな活動をとらえ、このような活動に方向づけをするという問題」だと、デューイは語る。[5] デューイが論じるように、かつての家庭や近隣の共同体における仕事をはじめ、子どもたちは日々の具体的な生活や経験のなかで生じる諸問題を解決するために、物事を観察し、工夫を凝らし、思考や実感をもって探究を深めていく状況をもつ。そのような状況のなかで生じる切実な探究は、教えられるために区分された教科のなかに細切れに存在しているわけではない。デューイの言葉を借りれば、「この層は数学の世界、あの層は物理の世界、いま一つの層は歴史の世界であるといったように、一連の地層をもっているような地球」に暮らしているのではなく、私たちは「すべての側面が共に結びついているような、1つの世界のなかに生活しているのである」。[6]

デューイの教育思想の影響と評価

　このような生活と経験に根ざした探究的な学びの機会を現実の学校のなかに導き入れることはできるだろうか。子どもの生活経験における問題や興味関心を教育活動の中心に据えたデューイの思想は、大正自由教育運動（1920s-30s）、生活綴方教育（戦前・戦後）、問題解決学習を重視した戦後の初期社会科（1947・51年版学習指導要領）、生活科（1989年版学習指導要領）、総合的な学習の時間（1998・99年版学習指導要領）など、日本の教育運動の展開や教育改革の転換点において直接・間接的な影響を与え、民主的な教師たちの教育実践を鼓舞し続けてきた。また近年では、アクティブ・ラーニングや主体的・対話的で深い学びをとらえなおすための思想的淵源のひとつとして評価されることもある。けれども、よく触れられるように、ここでデューイが単に子ども中心主義を説く教育思想家だったと理解するなら、それはきわめて一面的な評価といえる。なぜなら、子ども1人1人の生活や経験を教育的な学びとしていくために、教師には、子どもたちのニーズや能力を十分に熟知し、教材を組織化しその世界を拡大させるという、よりいっそうの役割や責務が求められてもいたからである。[7] デューイや実験学校の取り組みが示しているのは、まさに子どもたちの探究の精神に満ちた自由な活動のためにこそ、教師もともに研究し学び続ける探究者でなくてはならないということなのである。

　注

　1）Steven Fesmire, *Dewey*, Abingdon and New York: Routledge, 2015, p. 10.

　2）John Dewey, *Democracy and Education*, Jo Ann Boydston ed., *John Dewey: The Middle Works, 1899-1924*, Carbondale and Edwardsville: Southern Illinois University Press, 1980, p. 339. 松野安男訳『民主主義と教育（下）』岩波書店、1975年、202頁。

　3）Katherine Camp Mayhew and Anna Camp Edwards, *The Dewey School: The Laboratory School of the University of Chicago 1896-1903*, New York and London: D. Appleton-century Company, 1936. 小柳正司監訳『デューイ・スクール──シカゴ大学実験学校：1896年〜1903年──』あいり出版、2017年。

　4）John Dewey, *The School and Society and The Child and the Curriculum*, An Expanded Edition with a New Introduction by Philip W.

Jackson, Chicago and London: The University of Chicago Press, 1900, p. 34. 市村尚久訳『学校と社会・子どもとカリキュラム』講談社、1998年、95頁。

5 ）*Ibid*., p. 36. 邦訳、99頁。

6 ）*Ibid*., p. 91. 邦訳、152頁。

7 ）John Dewey, *Experience and Education*, Jo Ann Boydston ed., *John Dewey: The Later Works, 1925–1953*, Carbondale and Edwardsville: Southern Illinois University Press, 1988. 市村尚久訳『経験と教育』講談社、2004年。

コラム5

▶或る教育家の思想③──ショーン

マサチューセッツ工科大学「教師プロジェクト」の教訓

「子どもの理^{ことわり}を見い出すこと（to give a child reason）[1]」。これは、アメリカ東海岸の都市ケンブリッジはチャールズ川のほとりにあるマサチューセッツ工科大学とハーバード大学の研究者による現職教育の「教師プロジェクト」が引き出した教訓である。ドナルド・ショーン（Donald Schön）(1930-1997) はこのプロジェクトに特別な関心を寄せる。そこには、ショーンとの共同研究を重ねる音楽教育のジーン・バンバーガー、スイスにてジャン・ピアジェから指導を受けた心理学者のエレノア・ダックワース、数学教育のマグダリン・ランパートといった後に各専門領域を代表する研

図1　ドナルド・ショーン
出典：Wikimedia Commons.

究者が集っていた[2]。瑞々しい英知を結集し、学校の教師たちとともに、教師が「省察^{せいさつ}（reflection）」することとはいかなることなのかを追究する共同研究が展開していたのである。

　複数のブロックを目の前にした２人の子どもがどのように規則性を見い出しそれを交流するのかを教師たちが「省察」する中で、先の教訓が引き出された。ブロックの規則性をめぐるその２人の会話が停滞したのは、言語技能に「優れた」子の指示にもう一人の子が「従えなかった」ことにあると教師たちの議論は続いた。しかし、ランパートの小さな発見を手がかりに、皆で子どもたちの記録を再び見返すと事実はまるで違っていた。むしろ、言語技能に「優れた」子の指示そのものに誤りがあり、それを真に受けて創意工夫をこらしていたのがもう１人の子の対応だったのである。参加する教師が明言したように、その子の返答には確かな「理」があったのである。

　ここにショーンは、教師たちが「わかった」つもりでいたことに「混乱」が生まれ、その「混乱」から抜け出る時、「学ぶこと」や「教えること」についての今までとは異なる見方（時には逆転する見方）を獲得する機会を見い出す。

「省察的実践家^{せいさつ}」という第三の専門家像

　ショーンは、「省察」を中心概念とする「省察的実践家（reflective

practitioner)」という新しい専門家像を提起した。ショーンは、従来からの専門家像ではクライアントを支え助けるはずの実践がむしろクライアントを苦しめてはいないかと問題を提起したのである。さらに重要なのは、同様の問題意識を抱きながらも専門家やその専門性というものの一切を否定する向きのある議論に対してもショーンは対抗し、新しい専門家像である「省察的実践家」を提起したのである。それは言わば第三の道の提示であった。

　まずショーンは近代社会の建設に伴い生み出された専門家像を「技術的熟達者（technical expert）」という概念でとらえ、批判を展開する。この専門家像は私たちにとってなじみのある専門家像である。それは、専門の科学や理論に基づき、クライアントの問題に対して「合理性」をもって「技術」を適用しその問題を解決するという専門家像である。ここでは専門家とクライアントのやりとりの主導権のすべてを専門家が握っている。

　こうした専門家像に対する根源的な批判も生まれた。それは、『脱学校の社会』の著作で世界的に著名なイヴァン・イリイチらの根源的な批判である。そこでは、専門家そのものの存在や専門家の専門性そのものを否定する「反専門家（counter-professional）」の議論が沸騰したとショーンは見ていた。

　ショーンは、これら従来の専門家像やそれに対する反専門家を掲げる根源的な批判にも与しない。ショーンは看破する。「省察的でない実践家（unreflective practitioner）は、自らを［従来からの「技術的熟達者」である］専門家と規定しようとも、反専門家と規定しようとも、両者は同程度に閉鎖的であり有害である[3]」。ショーンは、「省察的でない実践家」の危うさを見抜き、「省察」を決定的に重視する「省察的実践家」という新しい専門家像を提起したのである。

「省察」の困難

　ショーンが「省察的実践家」の専門家像を提起するのは、「省察」という営みがきわめて難しい営みであることをよく理解しているからである。専門家が関わる実践の状況は、専門家やクライアント自身が考えている以上に、不確実で曖昧で多義的である。それは、ある手立てを講ずれば安定した結果が生み出されるわけではなく、はっきりとせず不明瞭な状況であり、１つの意味に収まらず多くの意味を有するような状況なのである。さらには、専門家がそうした状況に持ち込む「理論」もまた複雑である。ショーンは、「支持理論（espoused theory）」と「使用理論（theory-in-use）」とを区別する[4]。「支持理論」とは専門家が特定の活動の様式を説明し正当化するために提示される活動の理論であり、「使用理

論」とはその活動の様式の実行において暗黙的な活動の理論である[5]。この両者に
生じるずれによって、専門家の活動の帰結は正解とも誤りともみなすことができ
てしまうのである。

　ここに「省察」の難しさがある。実践の状況の不確実さや曖昧さや多義性は、
それらを否定する防御的な反応を誘発したり、クライアントを一方的に統制する
ことに傾きかねない。先のブロックの規則性を発見しようとする子どもたちの会
話をめぐる教師たちの議論は、言語技能の「優劣」でもって単純に状況を理解し
たり、その理解のもとに子どもを統制しようとする誘惑との格闘であったと言え
よう。ショーンは、教師たちが学校という組織において、実践の状況の不確実さ
から引き起こされる「混乱」を口外しないこと、秘密にしておくことを求められ
ていると洞察する。ショーンは、教師たちこそ、そうした「混乱」を新しい「発
見の源」とする「実践の中の研究者（researcher-in-practice）」として実践状
況の不確実さと向き合うことの必要性を強調する。そこにショーンは、「省察的
実践家」だけが享受することができる「自由の感覚（sense of freedom）」を
見い出している[6]。「子どもの理を見い出すこと」は、誰かが作った「技術」の反
復的な適用ではなく、自らの新しい「発見」とともに自ら実践を「更新」する「自
由」への扉の鍵なのである。

「省察的実践家」としてのクライアント

　ショーンが提起する「省察的実践家」の専門家像が、クライアントもまた「省
察的実践家」であることを求めている点も興味深い。それは、従来の専門家像に
根源的な批判を投げかけたイリッチらが、クライアントに「素人」として「市民」
として専門家に対抗することを求めたこととも異なる。ショーンはいう。「クラ
イアントは、自身の『実践の中の知』を省察することに努めながら、専門家と省
察的な会話をする能力を養うべきである」[7]。これは、教師と子どもにおいても示
唆的である。教師によって「理」を見い出される子ども自身においても、自らが
個人の学び手として存立することが求められているのであり、自らも「省察」す
る学び手であることで、教師を「省察的実践家」足らしめるのである。専門家と
クライアントの間において「省察」が「省察」を呼び起こす渦が生じる中で「学
ぶこと」や「教えること」の絶えざる更新が実現する道をショーンは見通してい
たのである。

注

1 ）Donald A. Schön, *The Reflective Practitioner: How Professionals Think in Action*, Basic Books, New York, NY, 1983, p. 68, 299. 同書の抄訳書として、ドナルド・ショーン（佐藤学・秋田喜代美訳）、『専門家の知恵――反省的実践家は行為しながら考える――』ゆみる出版、2001年。

2 ）「『子どもの理を見い出すこと』は教師たちの標語となり目標となった」とダックワースも記述する。Eleanor Duckworth, *The Having of Wonderful Ideas and Other Essays on Teaching and Learning*, Teachers College Press, New York, NY, 1987, pp. 86-87.

3 ）Schön, 1983, *Ibid*, p. 290.

4 ）Schön, 1983, *Ibid*, pp. 304-305.

5 ）Chris Argyris and Donald A. Schön, *Organizational Learning II: Theory, Method, and Practice*, Addison-Wesley Publishing Company, Reading, MA, 1996, p.13.

6 ）Schön, 1983, *Ibid*, pp. 299-300.

7 ）Schön, 1983, *Ibid*, p. 302.

第4章
公教育制度の理念と制度改革

はじめに

　本章では、近代公教育の理念と制度改革の課題・展望を論じる。第1節では、近代公教育の理念（義務性・無償性・中立性）を概観する。第2節では、公教育の民営化を例に、制度改革の動向を論じる。

　「教育論議は、国家対国民、民主教育対管理教育、自由放任主義対統制主義、画一主義対個性尊重教育、能力主義対平等主義、偏差値教育対ゆとり教育という二者択一的言葉の羅列に終始し、ひたすら『理想の教育』論が展開され」ることが多い[1]。また、提案される改革案のすべてが正であるとは言い難く、①「間違った改革案」（そもそも目的が歪んでいるもの、目的はいいが手段がズレているもの、手段に大きな問題があるもの）、②「間違ってはいないが無理な改革案」（目的も手段もよいが、そのための条件や環境が整っていないもの）もまま見受けられる[2]。そこで、本章では、公教育制度の理念を概観し、制度改革のあり方を考える機会を提供する。

1　近代公教育の理念

　近代以前の社会では、親子関係における養育・しつけなど、「私事性」を特徴とする親の自然権的教育権として、教育をとらえてきた（この他、共同体の通過儀礼や職人社会の徒弟制なども、社会構成員に対して教育を行う仕組みとして機能してきた）。これに対して、近代国民国家の誕生と産業革命の実現を背景として、主に国家による公共的関与の下で展開される（学校）教育が「公教育」としてとらえられ、私教育体制に代わり公教育体制として構想・制度化されていった[3]。ここでいう近代公教育とは、「中世の封建的な価値観を否定し、個人主義、自由主義、合理主義など近代社会の価値観に基づき、公権力の関与のもと国民全

体を対象とした教育のあり方」を指す⁴⁾。人間を身分制から解放し自由で平等な
主体にすることを志向する公教育思想から着想を得て、近代公教育制度の組織
化の過程で重視された理念は、「義務性」、「無償性」、「中立性」であった。以下、
その内容を概観する⁵⁾。

　第1は、義務性の原理である。この原理は、保護者たる国民に対して、その
子どもに「教育を受けさせる義務」を負わせ、すべての子どもが教育を受ける
ことができることを求めるものである。この原理には、① 保護者にその保護
する子どもに教育を受けさせる「就学義務」(関連規定として、憲法第26条第2項、
教育基本法第5条第1項、第10条第1項、民法第820条、学校教育法第16条、第17条、第144条、
学校教育法施行令第20条、第21条など)、② 保護者の就学義務を確実に履行させる
ための、地方公共団体の「学校設置義務」(関連規定として、教育基本法第5条第3項、
学校教育法第38条、第49条、第80条など)、③ 授業料の不徴収を代表例とする「無償
性実施義務」(関連規定として、憲法第26条第2項、教育基本法第5条第4項、学校教育
法第6条など)、④ 国や市町村が奨学の方法を講じ援助するなど、就学を援助・
保障する「就学援助・保障義務」(関連規定として、教育基本法第4条第3項、学校教
育法第19条、生活保護法第13条、第32条、就学困難な児童及び生徒に係る就学奨励について
の国の援助に関する法律第2条、学校給食法第12条第2項、学校保健安全法第24条、独立行
政法人日本スポーツ振興センター法第15条、特別支援学校への就学奨励に関する法律第2条
など)、⑤ 事業主・雇用者に対する「避止義務」(関連規定として、憲法第27条第3項、
労働基準法第56条、第116条第2項、学校教育法第20条など) 等が連なる。いずれも子
どもの教育を受ける権利や教育の機会均等を保障する観点から要請されるもの
である⁶⁾。

　第2は、無償性の原理である。この原理は、国民が教育を受けるために要す
る費用を私費ではなく公費で賄うことを求めるものである。日本では、憲法第
26条第2項後段の「義務教育はこれを無償とする」との規定を受けて、教育基
本法第5条第4項では、「国又は地方公共団体の設置する学校における義務教
育については、授業料を徴収しない」と、国公立義務教育諸学校における義務
教育無償の範囲 (授業料の不徴収) を定めている。他方、授業料以外の他の教育
費のうち、教科書に関する立法として、義務教育諸学校の教科用図書の無償に
関する法律や義務教育諸学校の教科用図書の無償措置に関する法律などの立法
措置が別途行われていることをもって、義務教育段階の教科書は国公私立すべ
ての学校で無償化されている。換言すれば、日本の教科書が無償であるのは、

憲法上の権利としてではなく政策的判断による立法措置によって実現している
のである。義務教育の無償は、保護者に対する就学義務の履行を可能とするこ
とや、家庭の経済的格差によって教育機会の多寡が左右されることを防ぐため
に要請され、この原理は就学保障義務を下支えするものとして位置付けられる。

　第3は、中立性の原理である。この原理は、教育という目的的営為が、必然
的に個人の思想・良心の自由や価値観の形成に深く関わる特性を持つため、特
定の価値・党派・宗派・イデオロギーからの独立性・中立性の確保を求めるも
のである。「人格の完成」（教育基本法第1条）を目的として行われる教育の中立
性は、政治的中立性の確保と宗教的中立性の確保に区分されて理解されること
が多い。

　その1は、教育の政治的中立性である。公教育には、大別して、個人の人格
の完成の他に、国家・社会の形成者の育成という目的がある。従って、国家（政
治）はその国の教育に無関心ではいられない。そこで、特定の政治的イデオロ
ギーや党派的利害によって教育が左右されることにならないよう、教育行政レ
ベルでは、戦後改革以降、教育行政の一般原則として、① 教育行政の法律主義、
② 教育行政の地方分権化と民主化、③ 教育行政の自主性・専門性、④ 教育行
政の能率化、⑤ 教育行政の説明責任とともに、教育の中立性を考慮した条件
整備行政の実現が要請されてきた。また学校レベルでは、国公私立学校すべて
の学校で、特定政党の支持・反対に結びつく可能性のある党派的な政治教育に
よる政治的教化、そして、政治活動の主体としての学校による政治的活動の禁
止など、政治的中立性の確保が明文化されている（教育基本法第14条第2項）。さ
らに、教育公務員である教員は、勤務地の自治体以外での政治的行為が認めら
れている地方公務員（一般行政職員など）に比べて、一切の政治的行為が禁じら
れているなど、国家公務員並みに政治的行為[7]の制限が厳しくなっており、党派
的教育の禁止が徹底されている（本書の第7章「教員の職務内容と服務上・身分上の
義務」も参照のこと）。この他、政治的中立性の確保は、教育行政や学校だけでな
く、社会教育分野（博物館、図書館、公民館など）でも同様に要請されている（社
会教育法第23条第1項第2号）。

　他方、教育基本法第14条第1項の規定にあるように、民主国家における主権
者たる国民は、適切な政治意識の下で政治上の権利を行使し、政治参加を通じ
て国家を建設していく必要がある。従って、政治的教養の学習は重要である。
この意味では、18歳選挙権時代の到来を待つまでもなく、学校教育において「政

治」について学ぶことは必要であるどころか、不可欠であることを改めて確認されたい。[8]

　その2は、教育の宗教的中立性である。この原則は、国家の宗教的中立性を要請する「政教分離の原則」と通底している。憲法は、信教の自由の保障とともに、政教分離の原則を明確化しているが（憲法第20条第3項）、教育基本法第15条第2項や社会教育法第23条第2項でも、特定の宗教のための宗教教育や宗教的活動の実施、特定の宗教の支持、特定の教派・宗派・教団の支援の禁止が明記されている。他方、学校教育は宗教自体の意義や役割を否定しておらず（教育基本法第15条第1項）、グローバル時代の学校教育において、「宗教」に関して学ぶ機会の重要性はますます高まっている。

　なお、2つの中立性の相違点としては、政治的中立性に関しては国公私立すべての学校でその要請が貫徹されるのに対して、宗教的中立性に関しては私立学校での宗教教育の自由は保障されている。事実、私立学校では宗教の時間をもって、道徳に代えることが可能である（学校教育法施行規則第50条第2項、第79条）。

2　制度改革の動向──公教育の民営化を事例に──

　近代公教育制度は、属性（社会階層や性差等）によることなく、教育を受ける権利や教育の機会均等を保障するという目的の下、単線型（single track）の学校体系を構築していく展開を辿り、消費社会化・情報社会化した日本では、1980年代に大衆教育社会が到来した。ここでの大衆教育社会とは「教育が量的に拡大し、多くの人々が長期間にわたって教育を受けることを引き受け、またそう望んでいる社会」を指す。[9] こうした社会の変化を受けて、公教育制度の特徴である「平等性」が「画一性」ととらえられ、多様な子どもたちの多様なニーズに制度が対応しきれていないという課題意識が蔓延しつつある。その最たる例が公教育制度を民営化していこうとする改革動向である。[10]

　ここで、日本の学校設置主体の法規定を確認しておけば、教育基本法第6条第1項は、「法律に定める学校は、公の性質を有するものであって、国、地方公共団体および法律に定める法人のみが、これを設置することができる」と、幼稚園から大学に至る学校教育全体の基本的性格と学校設置主体を規定している。ここでの「法律に定める学校」は、学校教育法第1条のいう9つの正規の学校（いわゆる「1条校」）を指し、専修学校（学校教育法第124条）、学習塾やインター

ナショナル・スクールなどの各種学校（学校教育法第134条）、文部科学省以外の省庁や都道府県等が設置する教育訓練施設等である大学校、児童福祉法に基づく児童福祉施設の保育所等の機関、そして、法令によらない教育施設の無認可校（フリー・スクール、フリー・スペースなど）は、教育基本法第6条の適用から除外され、「非1条校」（非正規の学校）と呼ばれる。正規の学校たる1条校は、個人の人格の完成と国家・社会の形成者を育成するという目的の下、一定基準を満たした人的・物的要素により構成され、法令で定められた教育課程等の基準に従った教育が行われ、① 中立性、② 公開性、③ 共通性等の価値理念が重視されている。

　これに対して、2000年以降の改革動向として、規制改革の名の下で学校設置主体の多様化が進み、構造改革特別区域法（教育特区）に基づく学校教育法の読み替え適用によって、株式会社（学校設置会社）や特定非営利活動法人（学校設置非営利法人）による学校設置が容認されてきた。さらに、2013年12月の国家戦略特別区域法の制定を受けて、公立学校の管理運営の民間委託が本格的に検討され、国家戦略特区（「民間投資を喚起させるために、特定の地域に限りさまざまな規制や免除を行う政策」により、特定区域に指定された地区）に指定された地方自治体が提案すれば、「公設民営学校」が特例で認められる運びとなっている。[11] 学校の管理・運営を条例の定めるところにより指定する民間法人に委託する公設民営型学校と、公立学校、私立学校、公私協力学校の比較は、**表4−1**の通りである。

　国家戦略特区に基づく公設民営学校の対象は、併設型中学校、高等学校、中等教育学校であり、学習指導要領に準拠しつつ、柔軟なカリキュラム編成を軸とした特色ある教育実践（理数系や語学教育の重視、課題探究型の授業展開、グローバル人材やトップアスリートの育成、国際バカロレアの認定など）を展開していくことが謳われている。また、公設民営学校では、公務員制度とは異なり外国人を教諭や管理職として任用することが可能となっており、民間法人による柔軟な人事管理制度の運用、能力に応じた処遇や配置（人件費の優遇措置、多様な任用形態、勤務条件の設定）などがメリットとして挙げられることが多い。

　学校の設置者は、学校管理と学校経費負担という2つの責任を有し（学校教育法第5条）、この原則は、「設置者管理主義」「設置者負担主義」と呼ばれる。ここでいう学校の「管理」は、一般的に、① 人的管理（教職員の任免・服務監督その他の取扱い、研修等）、② 物的管理（施設設備・教材教具の購入・維持・修繕管理等）、③ 教育・運営管理（組織編制、入退学・出欠、教育課程、学習・生徒指導、教材の取扱い、

表4-1　学校設置主体の比較

	公立学校	私立学校	公私協力学校（構造改革特区による）	公私協力学校（構造改革特区によらない）	公設民営学校（国家戦略特区）
設置者	地方公共団体	学校法人	協力学校法人	学校法人	地方公共団体
学校の位置付け	公立学校	私立学校	私立学校	私立学校	公立学校
学校の管理・運営	教育委員会	学校法人	協力学校法人（地方公共団体の支援・間接的な関与）	学校法人	受託法人（民間法人）
学校運営の監督	教育委員会による運営監督	学校法人の責任		学校法人の責任	教育委員会による運営監督
対象	制限なし	制限なし	幼稚園　高等学校	制限なし	併設型中学校　高等学校　中等教育学校
外国人教員	常勤講師として任用	教諭として任用可能	教諭として任用可能	教諭として任用可能	教諭として任用可能
外国人管理職	任用不可能	任用可能	任用可能	任用可能	任用可能
中学校授業料	無償	有償	―	有償	無償
私学助成	―	あり	なし	都道府県の判断	―
人件費国庫負担（中学校部分）	あり	なし	なし	なし	あり
教員の特別待遇	不可能	可能	可能	可能	可能

出典：平成28年8月10日国家戦略特区ワーキンググループ資料「国家戦略特区を活用した、公設民営の手法による新中高一貫教育校の設置について」(https://www.kantei.go.jp/jp/singi/tiiki/kokusentoc_wg/h28/syouchou/160916_shiryou_s_6.pdf)を参考に筆者作成。

保健安全、学校給食等）等を含むが、学校教育法第5条の規制緩和として国家戦略特区を活用し、この種の「管理」を全面的に民間委託する場合、学校教育・経営の継続性、安定性、確実性、公共性の確保など、既存の法制度との整合性の確保の検討が不可欠となる。

おわりに

　教育の性格は多様である。[12] 教育は、社会全体の利益・福祉にも関わり、また、社会成員個人の利益・福祉にも関わる営為でもあるため、二重性の性格を有する。また、前者を欠いて後者はありえず、後者を欠いて前者もありえないことから、相互依存性の性格を有する。こうして、教育には社会と個人の二重性・

相互依存性の性格が備わっていることを前提として、近代以降「発明」された
社会的装置が、近代公教育制度を下支えする学校であった。[13]

　学校には、多様な期待が寄せられ、また学校は多様な機能（平等化装置、官僚
制的装置、ジェンダー装置、再生産装置など）を果たし得る。[14]また、学校をとらえる
視点には、① 活動レベル（勉強する場など）、② 目的レベル（人間形成の場など）、
③ 機能・構造レベル（学歴取得の場、社会化の場、選抜配分の場など）、④ 性質レベ
ル（抑圧・統制の場など）など、少なくとも4つのレベルがあるが、[15]今次の制度
改革は、教育の、学校の、何を、どのように改革することを意図しているのか、
的確に見極めていくことが求められている。特に、公教育の理念と、教育の機
会均等の原則は、パラレルな関係にある。現在の公教育制度の改革は、何のた
めの改革なのか、そして誰にとっての教育の機会均等に資することになるの
か、注視する必要がある。

| 演習問題 |

1．諸外国における近代公教育制度の成立過程をまとめてみよう。
2．現代公教育制度が抱えている課題を考えてみよう。
3．公教育の制度改革のメリット・デメリットを考えてみよう。

注
1）柳治男『＜学級＞の歴史学——自明視された空間を疑う——』講談社、2005年、166
　－167頁。
2）広田照幸『教育改革のやめ方』岩波書店、2019年、2頁。
3）国家が社会成員に対して一般的かつ義務的に行う教育という意味での義務教育（就学
　義務）の萌芽は、プロイセンのフリードリヒⅡ世（大王）の「一般地方学事通則」（1763
　年）やイギリスの工場での児童雇用を就学という条件で規制した「工場法」（1833年）
　に見ることができると解されている。
4）篠田弘編『資料でみる教育学——改革と心の時代に向けての——』福村出版、2007年、
　52頁。
5）各原理に関する法規定に関しては、荒井英治郎「現代の教育制度改革」篠原清昭編『教
　育の社会・制度と経営』ジダイ社、2018年4月、17–34頁も参照のこと。
6）なお、日本では、就学義務は義務教育諸学校にて履行されるとの観点から、フリー・
　スクールやホーム・スクールでの義務履行を認めていない。従って、不登校児童生徒が
　学校以外の適用教室やフリー・スクール等での機関で指導を受けた場合は、校長の判断
　で学校への出席と同等のものとして取り扱うという運用上の配慮がなされており、この

　場合は就学義務違反とはならない（文部科学省初等中等教育局長通知「不登校への対応
　の在り方について」2003年15年 5 月16日）。こうした政策対応に対しては、学齢期の子
　どもを学校に就学させることを求める「就学義務」を、欧米に倣って一定の内容を持つ
　教育を学齢期の子どもに施す義務である「教育義務」へ転換すべきであるとの見解も根
　強い。これと関連して、2016年12月 7 日にはフリー・スクール等で学習する不登校児童
　生徒の支援を目的とする、義務教育の段階における普通教育に相当する教育の機会の確
　保等に関する法律が成立しており、国や自治体は必要な財政支援に努めていることが規
　定された。

7) ここでの「政治的行為」とは、選挙への立候補、職権濫用、示威行為（デモ）の企画・
　組織、政治目的による演劇の演出・主宰、政治上の主義主張等に用いられる旗、腕章、
　記章、襟章、服飾その他これらに類するものの制作・配布、署名活動、勧誘運動等を指
　す。

8) 荒井英治郎「18歳選挙権時代における主権者教育の課題と展望」伊藤良高編『教育と
　福祉の基本問題——人間と社会の明日を展望する——』晃洋書房、2018年、137-149頁
　も参照のこと。

9) 苅谷剛彦『大衆教育社会のゆくえ——学歴主義と平等神話の戦後史——』中央公論新
　社、1995年、12頁。

10) 荒井英治郎「学校制度と法」伊藤良高・大津尚志・橋本一雄・荒井英治郎編『新版
　教育と法のフロンティア』晃洋書房、2020年、34-44頁も参照のこと。

11) 公設民営学校の経緯に関しては、小林三津江「公立学校運営の民間への開放——公設
　民営学校の解禁——」『立法と調査』第350号、2014年を参照のこと。

12) 藤田英典『義務教育を問いなおす』筑摩書房、2005年、20頁。

13) 第 1 巻編集委員会編『< 教育 > ——誕生と終焉——』藤原書店、1990年。

14) 「制度」としての学校が果たす機能に関しては、荒井英治郎「制度としての学校」末
　松裕基編『現代の学校を読み解く——学校の現在地と教育の未来——』春風社、2016年
　 4 月、253-297頁も参照のこと。

15) 藤田英典「学校と社会」藤田英典・田中孝彦・寺崎弘昭『教育学入門』岩波書店、
　1997年、35-37頁。

参 考 文 献

山内太郎編『学校制度（戦後日本の教育改革 5 ）』東京大学出版会、1972年。

市川昭午『教育の私事化と公教育の解体——義務教育と私学教育——』教育開発研究所、
　2006年。

木村元『学校の戦後史』岩波新書、2015年。

日本児童教育振興財団編『学校教育の戦後70年史』小学館、2016年。

第 5 章　学校教育と教職の社会的意義

はじめに

このテーマを大きくとらえると遠大なので、本章ではかなり対象を限定して論じていくことにする。第 1 節では、主に教育における学校教育の位置と性格について説明する。第 2 節では、初等教育と中等教育に従事する教職（教育職員）の社会的意義（使命と任務）について論じることにする。

Ⅰ　学校教育の位置と性格

1　教育とは

ここでは、本章に関係する教育の用語について説明する。

まず教育とはどういう営みであるかについてである。筆者は、教育とは、一般的に、子どもがその持って生まれてきた能力を望ましい方向に、全面的にかつ最大限に伸長していく営みを支援する活動である、と考えている。この定義は、子どもが成長・発達の主体であり、親・教師・社会はその子どもの成長・発達を助ける存在であるということである。

2　教育の形態——公教育と私教育——

教育には、私教育と公教育の分野がある。私教育とは家庭や私的な施設で行われる教育活動であり、公教育とは国や地方自治体や学校法人が行う公的な性質をもつ教育機関で行われる教育活動のことである。私教育の典型例は家庭における学習・教育やしつけ、家庭教師による学習や学習塾での学習（家庭教育）などである。公教育とは、国・公・私立学校で行われる教育（学校教育）である。さらに、各種の社会教育施設（図書館・博物館・美術館等）は子どもを含む国民の学習機関として設置されている。[1] つまり、子どもは生まれて以降、家庭・学校・

社会教育施設を活用し、「その生涯にわたって、あらゆる機会に、あらゆる場所において学習する」(教育基本法第3条) 機会を得て、成長・発達し、人生を全うしていくということである。

3　学校教育

日本において学校教育とは、学校教育法の第1条に規定する学校(幼稚園、小学校、中学校、義務教育学校、高等学校、中等教育学校、特別支援学校、大学および高等専門学校) で行われる教育を指す。このうち、年齢主義 (学習者の年齢によって、決まった学年または学級に所属する形態) をとる日本では、6歳から15歳までの時期 (学齢期) が義務教育である。これに対して課程主義を採る国もある。[2]

学校教育は、教育段階から整理すると、おおよそ次のようになる。

1.　就学前教育 (幼稚園)
2.　初等教育 (小学校)
3.　前期中等教育 (中学校)
4.　後期中等教育 (高等学校)
5.　高等教育 (高等専門学校、短期大学、大学、大学院)

なお、学校教育法第124条に定める教育施設が専修学校であり、児童福祉法第39条が定める児童福祉施設が保育所であり、同法第39条の2が定めるそれが

表 5 - 1　学校数・在学者数・教員数一覧 (2022年5月1日現在)

区分	学校数 (校)	在学者数 (人)	教員数 (人)
幼稚園	9,121	923,089	87,761
幼保連携型認定こども園	6,655	821,188	136,528
小学校	19,161	6,151,310	423,345
中学校	10,012	3,205,226	247,247
義務教育学校	178	67,799	6,370
高等学校	4,824	2,956,909	224,724
中等教育学校	57	33,367	2,749
特別支援学校	1,171	148,633	86,818
大学	807	2,930,963	190,655
短期大学	309	94,713	6,785
高等専門学校	57	56,754	4,025
計	52,352	17,389,951	1,417,007

出典：令和4年度学校基本調査 (速報値) より筆者作成。

幼保連携型認定こども園である。

　表5－1から指摘できることは、次の事柄である。

　児童・生徒・学生の総数は約1739万人で、教員の総数は約142万人であるということである。この数に家族の数を加えれば、その数は膨大になる。これほど多数の国民が関わる事業は、他に類例を見ないと言えよう。

4　学校教育の教育課程

　公教育である学校教育は、日本国憲法や教育基本法の精神と、同憲法と同基本法を受けて制定された学校教育法やその他の諸法令とに基づいて行われることになっている。

　例えば、小学校のカリキュラム（教育課程）について言えば、学校教育法第21条で「義務教育として行われる普通教育は、教育基本法第5条第2項に規定する目的を実現するため、次に掲げる目標を達成するよう行われるものとする」と規定し、10項目の目標を示し、同法第34条で「小学校においては、文部科学大臣の検定を経た教科用図書又は文部科学省が著作の名義を有する教科用図書を使用しなければならない」と、教科書・教材の使用を定めている。

　次に学校教育法施行規則の第50条（教育課程の編成）で、「小学校の教育課程は、国語、社会、算数、理科、生活、音楽、図画工作、家庭、体育及び外国語の各教科（以下この節において「各教科」という。）、特別の教科である道徳、外国語活動、総合的な学習の時間並びに特別活動によつて編成するものとする」と定め、同第52条（教育課程の基準）で「小学校の教育課程については、この節に定めるもののほか、教育課程の規準として文部科学大臣が別に公示する小学校学習指導要領によるものとする」と規定している。つまり、幼稚園・小学校・中学校・義務教育学校・中等（前期）・特別支援学校（小・中）の教育課程は、文部科学大臣の管理下にあるということである。

　それらの学校で幼児・児童・生徒の「教育をつかさど」っているのが、教員（教諭）である（学校教育法第37条）。

2　教職の社会的意義

　公教育としての学校教育において、そこで学ぶ児童・生徒の「教育をつかさど」っている教員の職務（教職）の社会的意義をどのように考えたらよいので

あろうか。いくつかについて論じていこう。

1　教員の使命

1つは、教員は「人格の完成」を目指して人間を育成するということである。

教育基本法はその第9条で、「法律に定める学校の教員は、自己の崇高な使命を深く自覚し、絶えず研究と修養に励み、その職責の遂行に努めなければならない」と定めている。

ここで重要な言葉は①「自己の崇高な使命を深く自覚する」こと、②「絶えず研究と修養に励む」こと、③「職責の遂行に努める」ことであろう。

①の「自己の崇高な使命を深く自覚する」こととは、教育基本法で言えば、「個人の尊厳を重んじ、真理と正義を希求し、公共の精神を尊び、豊かな人間性と創造性を備えた人間の育成を期する」（前文）ことであり、「人格の完成を目指し、平和で民主的な国家及び社会の形成者として必要な資質を備えた心身ともに健康な国民の育成を期する」（第1条）ことである。

2　自主的・自発的に「研究と修養」に励むこと

2つは、教員は、絶えず、自主的・自発的に「研究と修養」に励み、自己を向上させるように期さなければならないということである。

②の「絶えず研究と修養に励む」こととは、①の使命を果たすために、「法律に定める学校」の教員（私立学校の教員をも含む）は「絶えず研究と修養に励ま」なければならないということである。「絶えず……励ま」なければならないということは、自主的・自発的に「研究と修養に励ま」なければならないという意味である。

ほぼ同じ規定が教育公務員特例法第21条（研修）にある。すなわち「教育公務員は、その職責を遂行するために、絶えず研究と修養に努めなければならない」である。教育基本法第9条は「法律に定める学校の教員」を対象に定めたものであるが、この法律は、特に教育公務員を対象として定められたものである。公務員たる国・公立学校の教員は、二重の意味で「研究と修養に努めなければならない」と謳われていることになる。

同法第22条（研修の機会）に「教育公務員には、研修を受ける機会が与えられなければならない。　2　教員は、授業に支障のない限り、本属長の承認を受けて、勤務場所を離れて研修を行うことができる。　3　教育公務員は、任命権者

の定めるところにより、現職のままで、長期にわたる研修を受けることができる」と定めているが、本条は、前条の自主的・自発的な研究と修養の意味を生かすように「研修の機会」を保障しようとするものであって、教員に研究や修養を強要したり、職務命令でそれらを行なわせたり、受けさせるものではないということである。このことは、地方公務員の研修規定を定めた地方公務員法第39条（研修）が「職員には、その勤務能率の発揮及び増進のために、研修を受ける機会が与えられなければならない。2　前項の研修は、任命権者が行うものとする。」という行政職員に対する研修と比較すれば、その違いが明白に理解されるであろう。

　自主的・自発的な「研究と修養」は、教員個人の全人格的な完成をその対象とするものであり、知的、精神的、身体的の全範囲に及ぶものである。教職のための研修が即人間的成長の糧になるということは、教員に与えられた特典のひとつと言えよう。

3　職務の遂行に努める

　3つは、教員はその職責の遂行に努め、教職の使命を十全に果たすということである。

　教員は、法的には、子どもたちへの教育活動を通して、「個人の尊厳を重んじ、真理と正義を希求し、公共の精神を尊び、豊かな人間性と創造性を備えた人間の育成」（教育基本法前文）を図るべく、また、「人格の完成を目指し、平和で民主的な国家及び社会の形成者として必要な資質を備えた心身ともに健康な国民の育成」（同法第1条）を図るべく、職務に努めなければならないということである。また、この使命は、地方公務員法第30条（服務の根本基準）が「すべて職員は、全体の奉仕者として公共の利益のために勤務し、且つ、職務の遂行に当たつては、全力を挙げてこれに専念しなければない」という規定や「職務専念義務」を規定した同法第35条の規定にも謳われているところである。

　しかしながら、教員の「職務の遂行」は、教育実践的に、他の一般行政事務と違って、その対象が実に多様で、個性をもった1人1人の子どもたちであるので、その指導・支援はきわめて創造的で著しく個性的なものになるということである。教育という営み（活動）そのものが、教員の大幅な裁量の自由と創意工夫の自由とを必要としているのである。

4　教員は真理と事実を教える

　4つは、教員は子どもの教育をつかさどるにあたっては、真理と事実とを教える使命を有しているということである。逆に言えば、教員は「真理と事実」に反することを教えてはならないということである。

　この点で教訓的であるのが、宗像誠也（1908-1970）の「教師は真理の代理者である」という次の主張である。

　　「子どもは文化を継承し真理を学びとる権利を有するが、教師はその権利に奉仕するために、文化・真理の代理者として子どもの前に立ち現れる[3]」

　ところが、政党政治の日本では、文部科学大臣が政権与党の政治家であるところから、文教行政が政権政党の文教政策の影響を受けざるを得ない。政権政党はその支持者の教育要求を代弁しがちである。野党からは「教育の中立性」や「教育権の独立」（教育の政治からの独立）が叫ばれているが、政治の世界では無視される傾向がある。その政治の影響を端的に示すのが教科書であり、とりわけ争論になるのが社会科と道徳のそれである。それらは、歴史の解釈や価値観と関わっているからである。

　教員としては、授業で教科書を使用するに際して、ただ単に教科書を教えるだけにとどまらず、「学問の自由を尊重」（教育基本法第2条）しつつ、真理と事実とを子どもたちに教えていくことが求められる。そのためには、教員自らが不断に「学問の自由」（憲法第23条）を行使して研鑽に励む必要が求められるのである。「子どもが好きだから教員になる」はひとつの教職への大切な要件ではあっても、「研究と勉強の努力を嫌う教員」は、いま一つの教職への重要な要件を欠いていると言わなければならない。子どもとともに学び成長する教員が「学び続ける教員」[4]なのである。

5　教員は社会的政治的問題にも関心をもつ

　5つは、教員は教育の専門家として、子どもの教育をつかさどり、1人1人の子どもたちが学び成長していく過程を支援することに全力を尽くすことを、使命とも任務ともするということである。これはいわば、教員の職務上の任務である。

　しかし、教員は、同時に、市民であり家庭人である。それゆえに教員は、自己の内省から家庭、地域社会、国、世界に生起する問題や状況にまでその視野

を拡げなければならない。例えば、貧困、経済的格差、少子化、高齢化社会、ジェンダー、教育機会の不平等の問題は日本のみならず、世界各国の抱える問題でもある。現在進行中の新型コロナウイルス感染症の蔓延は、担当するクラスの子どもたちとその家庭が直面している問題でもあるが、世界の国々の数千万人の生存を脅かしている問題でもある。教員は、こうした社会と世界に生きていること、その中で自らは子どもたちの人間的成長と発達という尊い仕事にたずさわっているということを忘れないようにしたいものである。

おわりに

　教員は、教育という巨大な事業の中で、日々子どもたちの成長と発達に関わっている。この仕事は、ミクロ的には1人1人の子どもの人間育成であるが、マクロ的には人類の継承と発展に関わる偉大な仕事である。その職務の価値と崇高さとを自覚すれば、教職はじつに尊い仕事であると考えられる。その職務の遂行のための努力精進は生易しいものではないが、真に生甲斐のある人生を得ようとする人たちには、手ごたえのある職業であると信じる。

| 演習問題 |

1．日本における学校の種類と各学校種の教育目標について調べてみよう。
2．あなたが教職を志望する理由を検証してみよう。
3．「学び続ける教員」になるための決意を話し合ってみよう。

注
1）「図書館法（昭和25年法律第118号）」第3条（図書館奉仕）では「図書館は、図書館奉仕のため、土地の事情及び一般公衆の希望に沿い、更に学校教育を援助し、及び家庭教育の向上に資することとなるように留意し」図書館業務を実施することとされている。
2）イギリス、フランス、フィンランドなどは課程主義（一定の教育課程の習得をもって義務教育は修了したとみなす）を採用している。
3）宗像誠也『教育と教育政策』岩波書店、1961年、95頁。
4）「学び続ける教員」は文部科学省中央教育審議会の答申で用いられたキーワードである。「教職生活の全体を通じた教員の資質能力の総合的な向上方策について（答申）」（2012年8月）、「これからの学校教育を担う教員の資質能力の向上について〜学び合い、高め合う教員育成コミュニティの構築に向けて〜（答申）」（2015年12月）を参照。

参 考 文 献

勝田守一『教育とはなにか』岩波書店、1966年。

堀尾輝久『教育入門』岩波書店、1989年。

大田堯『教育とは何か』岩波書店、1990年。

苅谷武彦『学校って何だろう』筑摩書房、2005年。

中谷彪『子どもの教育と親・教師』晃洋書房、2008年。

コラム6

▶不登校の子どもたちの現状

不登校の現状

2019年度の文部科学省の調査（図1）によると、少子化が進行する中にあっても、小中学校における不登校の児童生徒数（病気等の理由以外で、年間30日以上欠席した者）は増加傾向にあり、特にここ7年間における増加は著しい。学年別にみると小学校から中学校までは学年が進むにつれて増加し、中学3年生が最多となっている。中学校では全中学生約325万人の3.94％、約13万人にも及んでいる。だがこの調査では、登校しても教室に入れず保健室や相談室にいる子ども、朝や放課後出席にするためだけに登校する子どもなど、不登校傾向の子どもは含まれていない。

他方で、日本財団では2018年10月に「不登校傾向にある子どもの実態調査」を実施しているが、それによると、不登校傾向にある中学生（年間欠席数30日未満）は、全中学生328万人の10.2％にあたる約33万人で、不登校生徒数の約3倍であった。中学生の約10人に1人が不登校傾向であることが初めて明らかにされたのである。

不登校の子どもたち

不登校の子どもは、学校へ行けないことに負い目を感じ、自分はダメな子、悪い子だと思っていて、自己肯定感の低い子が多い。保護者もうちの子はもう将来

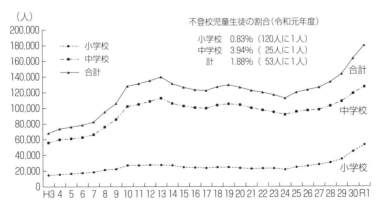

図1　不登校児童生徒数の推移

出典：文部科学省「児童生徒の問題行動・不登校等生徒指導上の諸課題に関する調査」

がないのではないか、育て方が間違っていたのではないかなどと悩んだり、周囲
の目も気になったりして子ども以上に苦しんでいる場合が多い。

　子どもの支援・相談スペース「はぐルッポ (hug する・はぐくむ、グループ (伊))」
は、このような子どもたちを受け入れ、保護者の相談に乗っている。

　「はぐルッポ」は学校復帰を目的としてはいない。子どもたちがありのままの
自分でいることができる、ただ、いていい場所として作られた子どもの居場所で
ある。子どもたちは何もしないでいることも保障されながら、好きなことをして
過ごし、自分で考え自分で決めて動き始める、「はぐルッポ」はそれを待ってい
る場所である。

　以下に、子どもたちの様子をいくつか紹介する。

　①「私、悪い子でいいんだもん」（ある女子児童）
　　学校が怖いと言って不登校になり、来始めたときには蚊の鳴くような声
　で、いつも周りを気にしていた。好きなことを自由にしているうちに、大き
　な声も出るようになり、仲間もできて、男子に暴言を吐いてふざけあうくら
　いになった。スタッフが「ちょっと言いすぎでしょ」と言うと「うちでは絶
　対こんなこと言わないよ。家でやったら殺される」、「いい子なんて『はぐルッ
　ポ』では無理‼　学校でならできるけど」と言いながら笑って逃げていった。
　②「ゲームやるのも飽きて来たな」（ある男子児童）
　　クラスで浮いてしまい、友だちとうまくいかなくなって不登校になった彼
　は、ひたすらゲームをやっていた。ただ、ゲームに熱中しながらもスタッフ
　の話に割り込んだりして周囲とはつながっていた。半年ゲームをやり続けた
　ある日、彼は「ちょっと学校行ってみるわ」と言った。今、彼は学校へ行っ
　ているが、疲れてしんどくなったら自分でバランスを取って休んだりして登
　校している。
　③「お母さんが嫌いだから家に帰りたくない」（ある女子中学生）
　　小学校の頃のいじめで不登校になった女子中学生。得意なこともあって素
　晴らしい能力を発揮できるのに自己肯定感が低く、自傷行為を繰り返してい
　る。元気になって、学校へ行きたい、友だちと遊びに行きたいなど外の世界
　に一歩踏み出そうとすると、自身も中学の頃いじめにあった母は、娘が外で
　またいじめられるのではないかと心配のあまり、娘の行動を制限してしま
　う。
　④「ぼくは生きてる意味がない」（ある男子中学生）
　　小さいころから有名進学高校に行くものと皆に期待されていた彼は、成績

が落ちて、もう駄目だと心が折れ不登校になった。「死にたいから殺してくれ」と毎日母に言っていた。半年近く、彼は他のことは何もせず、ただ魚釣りだけを3時間も4時間もしていた。魚博士のような彼を師匠と仰ぐ「子分」もできて、よく話すようになった。そのうち高校へ行きたいと言いだし進学。今は大学で、自分と同じような子の力になりたいとカウンセラーを目指している。

⑤「ぼく死ぬからいい」（ある男子中学生）

　発達障がいであることをいじめられ不登校になった。カーテンを閉めて部屋にこもり、食事もほとんどとらずガリガリに痩せて、母親にも暴力をふるうようになった。母は一緒に死にたいと思ったと相談に来た。その時彼が言った言葉である。彼は曲を聞いただけでピアノを弾いたり、見ただけで10桁の数字を覚えることができた。ゲームやパソコンなど好きなことをしているうちに、高校へ行きたい気持ちになって得意なWeb関係を学べる高校へ進学。高校では教育課程にない物理も自分で勉強して国立大学へ合格した。

　このように、おとなが子どもの現在をまるごと「そのままでいいよ」と認め、粘り強く「待つ」ことで、子どもが自分の力で変わっていく例はたくさんある。

子どもの支援の現場から見えること

　子どもが不登校になると、学校や保護者は「なぜ」を追及する。いじめや、友だち関係、教員との関係、家庭環境等、原因を推測し、そのせいにして対症療法を考える。しかし子どもたちの話を聴いていると、多くの子どもは、なんとなく学校がイヤだ、学校へ行くと疲れる、クラスの雰囲気が嫌いなどと、曖昧な言い方をしている。おそらく本当のところはもっと複雑で、子どもたちにもよくわからない、表現しにくいものなのであろう。

　子どもたちにかかわって私たちが感じていることは、子どもたちがこれまでいかに管理され、「教育」され、同調圧力の中で生きてきたかということである。大人は、「子どものため」とか「個々によりそう」とか言いながら、普通や常識といった物差しを使い、世間の価値観で比べ、評価している。この「普通」に身体ごと違和感を覚えて、そのストレスにつぶされてしまう子はとても多い。

　以下は、小学4年生女子が書いた作文を抜粋したものである。

　「はぐルッポに行くようになってからはストレスがあまりたまらなくなりました。学校では友だちに気を使いすぎて話すのに疲れたりするけれど、はぐ

　　ルッポでは気を使わずにいられるのですごく楽しいです。気を使わなくてい
　　いので男の子たちと口げんかをよくします。大好きな友だちもできて、いつ
　　も一緒に川に行ったり、ごろごろねたりします」

　不登校支援とは学校に来ない子どもを学校に来させる方法を考えることでは
ない。学校復帰はあくまでも結果であって、目的ではない。2017年2月「教育機
会確保法」が施行されたが、言い換えれば、これは、「子どもを制度や学校に合
わせようとするのでなく、子ども自身の最善の利益を確保できるように、子ども
のいのちの側に制度や仕組みを引きよせて、変えていく」ということである。こ
のような視点から、学校以外にも多くの多様な学びの場が必要とされるし、学校
もまたそのあり方を根本から問い直さなければならないだろう。
　家庭も学校も教育行政も、そして「世の中」も、子どもたちを信じ子どもたち
の心の声を聴きながら、大きく変わっていかなければいけないと思う。

　注
　1）「義務教育の段階における普通教育に相当する教育の機会の確保等に関する法律」
　2）西野博之『居場所のちから──生きてるだけですごいんだ──』教育史料出版会、
　　　2006年、123頁。

コラム7

▶夜間中学の現状

生存権・学習権保障としての夜間中学

夜間中学とは、市町村が設置する中学校において、夜の時間帯に授業が行われる公立中学校の夜間学級を指す。戦後の学制改革により新制中学校が制度化されたが、戦後の混乱期において家庭の経済的事情等により就労・家事手伝い等を余儀なくされ、学校を長期欠席せざるを得ない不就学状態の子どもは少なくなかった。そこで、夜間学級が戦後初期に義務教育未修了者の教育機会を提供する場として新設されるに至る。1960年代以降増加したが、夜間中学校は学校教育法上認められていないことから早期に廃止すべきであると勧告した行政管理庁の勧告「年少労働者に関する行政監察」（1966年11月29日勧告）の存在と、就学援助制度の充実や就学率の上昇が相まって、在籍生徒数は減少を辿った。これに対して、近年、多様な背景を持った者が将来設計等のために学ぼうとするニーズを踏まえて、改めて教育機会を制度的に確保しようという機運が高まり、夜間中学の存在が注目されている。

夜間中学の現状

夜間中学とは何か（その様子は、森康行監督のドキュメンタリー映画「こんばんは」、「こんばんはⅡ」を視聴されたい）。平日昼間に授業が行われる一般的な中学校は、高等学校の用語で言えば全日制の課程に相当するが、それとは別に「二部授業」という制度が存在している。二部授業とは、学校に在学する生徒を複数の組に分け、別々の時間帯で授業を行うことを指す（学校教育法施行令第25条第5号）。この二部授業に基づいて夜間に実施されているのが、中学校夜間学級である。入学対象者は、これまで「義務教育を卒業していない学齢超過者。ただし、中学校卒業認定試験合格者等で高等学校入学資格を持つ者は除く。」となっていたが、2015年7月30日発出の文部科学省通知「義務教育修了者が中学校夜間学級へ再入学を希望した場合の対応に関する考え方について」（27初初企第15号）以降は、さまざまな事情から学校に通えず、実質的に十分な教育を受けられないまま学校の教育的配慮等により中学校を卒業した者（いわゆる「形式卒業者」）のうち、改めて中学校で学び直すことを希望する入学希望既卒者は、中学校夜間学級の収容能力に応じて可能な限り受け入れることとされ、対象者は拡大傾向にある。

現在、全国15都府県（北海道、茨城県、埼玉県、千葉県、東京都、神奈川県、

京都府、大阪府、奈良県、兵庫県、広島県、徳島県、香川県、高知県、福岡県）
の34市区に40校の夜間中学が設置されている。夜間学級に対しては、多種多様な
ニーズが合流する形で現在存立している。一例を挙げれば、① 戦後の混乱期に
学齢期を迎えたため学校に通えなかった学齢超過者、日本へ帰国できなかった中
国残留孤児の者、昼間の中学校で不登校となり中学校を卒業しなかった者といっ
た、学校教育法第17条で規定されている義務教育の「学齢」を過ぎた義務教育未
修了者、② 入学希望既卒者（不登校などさまざまな事情から実質的に十分な教
育を受けられないまま学校の教育的配慮等により中学校を卒業し、中学校卒業資
格は有するものの中学校での学び直しを希望する者）、③ 現在不登校の学齢生
徒、④ 母国で義務教育を修了せずに日本で生活を始めることとなった外国籍の
者、母国で義務教育を修了していても日本語の習得等の理由で学び直しを希望す
る学齢超過の外国籍の者、親の仕事や国際結婚などに合わせて来日したニューカ
マーのうち日本の学齢を経過していた外国籍の者などである。なお、2010年度の
国勢調査によれば、小学校の未就学者数は全国で約12.8万人となっている（日本
人約12万人、外国人約 8 千人）。ただし、この数は、「在学したことのない者又は
小学校を中途退学した者」の数を指しているに過ぎず、例えば、小学校卒業後中
学校に入学しなかった者や中学校中退者の数は含まれていない。従って、義務教
育未修了者は実際にはより多くの数となる。

　さて、公立夜間中学校の教育課程編成は、学習指導要領と生徒の実態を踏まえ
て、校長が編成することになっている。学校によって異なるが、授業時間は平日
17時〜 21時の 1 日 4 時間程度で、授業以外にも学級活動、清掃、運動会、文化祭、
遠足、修学旅行等の行事が行われたり、給食（補食）がある学校もある。修業年
限は原則として週 5 日間の 3 年間で、卒業時には中学校の卒業証書が授与され、
中学校卒業資格が与えられる。義務教育のため、授業料は無料であり、（検定）
教科書も無償給与である。ただし、一部の教材費や給食費、遠足や修学旅行等の
費用は、全日制の中学校と同様に自己負担の場合が多い。

　この他、都道府県が夜間中学を設置する場合の施設整備に要する経費に関して
は、これまで義務教育諸学校等の施設費の国庫負担等に関する法律を根拠に、市
町村が設置する場合と同様に国庫負担の対象となっていたが、2017年 4 月 1 日の
義務教育諸学校等の体制の充実および運営の改善を図るための公立義務教育諸
学校の学級編制および教職員定数の標準に関する法律等の一部を改正する法律
の施行以降は、教職員給与および報酬等に要する経費も国庫負担の対象に加えら
れるに至った。夜間学級の設置を促進しようとする国の姿勢を看取できよう。

　なお、公立の夜間中学の他に、民間ボランティアの協力を得ながら、教育委員会や任意団体等が実施する学びの場として、自主夜間中学や識字講座等の取り組みもあることは、より知られてよい。

何のための公教育か

　「ニッポン一億総活躍プラン」（2016年6月2日閣議決定）では、すべての子どもが希望する教育を受けられる環境整備策として、夜間中学の促進等を図ることが明記された。また、2016年12月14日には、義務教育の段階における普通教育に相当する教育の機会の確保等に関する法律（28文科初第1271号）が公布され、同法第14条では、すべての都道府県および市町村に対して、夜間中学等の設置を含む就学機会の提供その他の必要な措置を講ずることが法的に義務づけられた。さらに、同法第7条に基づく「義務教育の段階における普通教育に相当する教育の機会の確保等に関する基本指針」（2017年3月31日策定）には、夜間中学等の設置ニーズの把握や設置に向けた準備の支援、同法第15条に規定する都道府県および市町村の役割分担に関する事項の協議等を行うための協議会の設置・活用、広報活動等の推進が謳われている。そして、第3期教育振興基本計画（2018年10月閣議決定、2018～2022年度の5年間）では、夜間中学をすべての都道府県に少なくとも1つ設置することをめざすなど、教育機会の確保等に関する施策を総合的に推進することが規定されるに至っている。

　義務教育諸学校で普通教育を十分に受けていない者がおり、また学齢を超過しながらも義務教育諸学校への就学を希望する入学希望既卒者が現実として存在している。また学齢期の外国籍児童生徒で、小中学校へ通わず「不就学」の状態にあり、日本語教室に通っている例もある。こうして、夜間中学は、義務教育未修了者、入学希望既卒者、不登校の学齢生徒、外国籍の者に対して、就学機会や「学び直し」の機会の保障という観点から重要な役割を果たし得る。

　今後は、実態把握とニーズ調査、スタッフの養成（「日本語」の指導能力の向上、生徒の母語を理解でき日本語も堪能な支援員の増員など）、多様な生徒の実態を考慮した環境整備（学校内での受入体制の整備、学校外での学習機会の保障など）、学習者の特性（不登校経験者、高齢者、外国人など）に応じたカリキュラム開発、夜間中学に対する広報活動等が不可欠となろう。

　「学びたい」という気持ちをどのように制度的に保障していくことが必要にして十分か。生存権保障と学習権保障を実質化する公教育制度はいかなるものか。夜間中学は、学びの本質と公教育制度の輪郭を問い直すものとなっている。

第6章

教職観の変遷と教員に求められる役割・資質能力

はじめに

　明治初期の近代学校教育制度の成立により、全国の学校に教育を生業とする膨大な数の教員が出現した。それ以降、国や社会は学校教員に対して時代や社会情勢に応じた役割や資質能力を求め、学校教員はそれに基づき教育活動に従事することにより、時代ごとに主流の教職観（学校教員とはどのようなあるいはどうあるべき職業かという考え方）が成立することになる。

　本章では、教職観の変遷について概説した後、1990年代から2000年代までの教職観の特徴と教職をめぐる国の政策動向の関係について検討する。次に、2010年代以降の教員に求められている役割や資質能力を明らかにし、それがどのような影響を与えているかを検討することで、現代の教職観の特徴について論じる。

1　教職観の変遷

1　聖職者論・労働者論・専門職論

　日本において代表的な教職観としては、聖職者論、労働者論、専門職論がある。以下では、それぞれの教職観について簡単にまとめる。

　まず、聖職者論である。教師という職業に就く者は、学術・技芸に秀でているばかりでなく、人物・人格にも優れ、世人から高い尊敬を受ける存在とされた。この考え方は、初代文部大臣の森有礼の「師範学校ノ卒業生ハ教育ノ僧侶ト云テ可ナルモノナリ[1]」という言葉にも表されており、教育への専心の心持ちや教育愛を特徴としており、明治期から太平洋戦争終結まで主流の教職観であった。

　次に、労働者論である。聖職者としての位置づけは教師に対して待遇に見合

わない労働への過度な献身や政府の意向への盲目的な従属を求めることにつながるとして、太平洋戦争後、教育に従事する労働者として教師を位置付けるという考え方が広がった。こうした考え方は、日本教職員組合によって1952年に採択された「教師の倫理綱領」の第8項「教師は労働者である」や第9項「教師は生活権を守る」などの文章に表れている。1950年代の日本教職員組合への加入率は8割を超えており、聖職者ではなく労働者なのだという意識は当時の教師の多くが共有するようになった教職観だと考えられる。

　最後に、専門職論である。この教職観は、1966年のILO・ユネスコによる「教員の地位に関する勧告」がきっかけとなり日本でも広まっていった。この勧告は、「教育の仕事は専門職とみなされるべきである」と述べ、教職を専門的な知識・技術を有し、子どもの教育・福祉に関して責任をもつ高度な専門職であると位置づけるものであった。その後、行政当局、教師団体、研究者らの間で教職の「専門性」に関する提言、研究、調査等がさまざまに行われ、現在、教職は専門職であるという考え方は広く支持されているといえる。

2　近年の教職観の特徴

　教職観について、明治から現代までの長期的な視点に立てば、聖職者論から労働者論を経て専門職論が主流になるという変遷としてとらえることができるが、実際には、近年の教員の長時間労働やそれに伴う働き方改革の議論一つをみるだけでも、3つの論の諸要素が組み合わさって現在の日本における教職観が成立していることがわかる。以下では、教員が有する教職意識について経年的な変化をもとらえた2つの調査研究に基づき、近年の教職観の特徴に迫ってみたい。

　まず、小・中学校教員を対象とし、1995年、1999年、2009年の3時点のアンケート調査の結果を分析した油布他による研究である[2]。どの調査年においても、「絶えず自己を高める努力が求められる」、「高度な専門的知識・技能が必要とされる」、「教職は専門職だ」、「体力がいる」、「使命感がなければできない」、「やりがいがある」という6項目には教師の多くが「あてはまる」と考えていた。また、この15年間で「あてはまる」と回答した教師が一貫して有意に増加しているのは「経済的に恵まれている」、「教師は知識人だ」という項目であり、1995年と2009年および1999年と2009年の間で有意に増加しているのは「子どもにとって教師は人生の手本である」、「教師は専門職だ」、「体力がいる」、「使命

感がなければできない」という項目であった。このことから、教職は知識を必要とする専門職であると同時に人間的素養も必要とされるという考え方があり、その傾向はますます強くなっているといえる。

　次に、小・中学校教員を対象とし、1991年と2004 ～ 2005年の2時点の質問紙調査の結果を分析した山田と長谷川による研究である。[3)] どちらの調査年においても、「精神的に気苦労の多い仕事だ」、「子どもに接する喜びのある仕事だ」、「やりがいのある仕事だ」という3項目には教師の多くが「強くそう思う」や「そう思う」と考えていた。また、2時点で大きな変化が見られた項目としては、「経済的に恵まれた仕事だ」、「自己犠牲を強いられる仕事だ」、「精神的に気苦労の多い仕事だ」の3項目であり、経済上の地位に関する認識は肯定する割合が大幅に上昇し、後者の2項目は「強くそう思う」と回答する割合が減少している。この結果から、「経済的には恵まれず気苦労も多いが、子どものことを第一に考え自己犠牲的に教育に専心する」という「献身的教師像」の考え方が弱まっているとされる。

2　教職をめぐる国の政策動向（1990年代～ 2000年代）

　上述した2つの研究からは、1990年代と2000年代で、専門性と人間的素養の面が強まり、献身性の面では弱まっているとの教職観の変化が報告されているが、以下では、この間の教職に関する国の政策について、教員養成・研修の面と、学校ガバナンス・人事の面に注目し、それらが教職観へ与えた影響について検討する。

1　教員養成・研修

　教員の専門性と大きく関わる養成や研修面での政策動向としては、次のようにまとめることができる。1997年7月には教育職員養成審議会が「新たな時代に向けた教員養成の改善方策について」（第1次答申）を出し、この答申に基づいて、教育職員免許法（以下、免許法）の改正が1998年に行われた。この改正は教員養成カリキュラムにおける「教職教養」を重視したことに特徴があり、「教職に関する科目」の修得単位数の大幅な増加、「教職の意義等に関する科目」の新設、中学校免許に関する実習単位数や「教育相談（カウンセリングを含む）」の単位数の増加が行われた。また、2002年1月には中央教育審議会（以下、中

教審）が「今後の教員免許制度の在り方について」を答申し、これをもとに、同年6月には教育公務員特例法（以下、教特法）が改正され、10年経験者研修が制度化された。さらに、2006年7月には中教審が「今後の教員養成・免許制度の在り方について」を答申し、これに基づき、養成面では、免許法施行規則を改正し、教員として必要な知識技能を修得したことを確認することを目的とした科目である「教職実践演習」が新設され、また、専門職大学院設置基準を改正し、教員養成に特化した専門職大学院である教職大学院の制度を創設するとともに、研修面では、2007年6月に免許法を改正し、免許状に10年間の有効期間を付与し有効性の維持のために免許状更新講習の受講・修了を求める教員免許更新制を導入した。

2 学校ガバナンス・人事

　教職観に大きな影響を与えると予想される学校ガバナンスや人事面での改革もいろいろと行われている。例えば、1998年9月に中教審が「今後の地方教育行政の在り方について」を答申し、これをもとに、2000年1月に学校教育法施行規則（以下、学教法施規）が改正され、職員会議が法令上明確に位置づけられ、校長の補助機関であるとされた。また、2000年12月の教育改革国民会議の報告「教育を変える17の提案」が指導が不適切である教員への適切な対応を求めたことを受け、2001年に地方教育行政の組織及び運営に関する法律が改正され、その後の2007年には教特法が改正されることにより、指導が不適切な教員に対する人事管理システムの厳格化が図られた。なお、教育改革国民会議の「17の提案」には外部評価を含む学校の評価制度を導入し、評価結果を親や地域と共有し、学校の改善につなげる必要性についての提言もあり、これを受けて、2002年4月に施行された小学校設置基準等においては、自己評価の実施・公表の努力義務や情報提供に関する規定が設けられ、その後、2007年6月の学校教育法（以下、学教法）の改正とそれに伴う学教法施規の改正により自己評価の実施・公表が義務付けられた。さらに、2007年6月の学教法改正では、学校における組織運営体制や指導体制の確立を図るため、小学校等に副校長、主幹教諭、指導教諭という職を置くことができるとした。

3 教職観への影響

　1990年代から2000年代にかけての学校教育は、以前からのいじめや不登校に

加え、学級崩壊や凶悪犯罪といった子どもの問題行動への対応と、変化の激しいこれからの社会に通用する資質・能力である「生きる力」をはぐくむことが求められており、教員には「豊かな人間性と専門的な知識・技術や幅広い教養を基盤とする実践的な指導力を培う」ことが必要とされていた[4]。こうした中、養成段階では教職の専門性の重視ならびに高度化が図られ、現職教員に対しては、研修の充実が図られた。こうした一連の政策に身を置く中で、教員は自らの職業の専門性をより強く認識するようになり、また、教職に求められる人間的素養についても自覚的になったと考えられる。

　また、学校や教師への不信が高まった時代でもあり、学校評価制度や指導が不適切な教員に対する厳格な人事管理システムの導入は信頼回復の側面もあった。職員会議の補助機関化や、学校組織の改革（従来の校長と教頭と教員で構成される鍋蓋型組織から副校長等の職を新設することによるピラミッド型組織への転換）は、校長のリーダーシップを確立し、効率的に学校を改善していくためである。しかし、こうした政策は教員の自律性や自己効力感の低下を招き、献身的に教育に取り組む意欲を徐々に奪い取ってきたと考えられる。

③　現代の教員に求められる役割・資質能力

　社会の変化およびそこから生み出される期待や要求は教職観に大きな影響を与える。以下では、2010年代以降の中教審答申を概観しながら、現在の教員に求められる役割と資質能力について検討する。

　2012年8月に出された答申「教職生活の全体を通じた教員の資質能力の総合的な向上方策について」においては、これからの教員に求められる資質能力として、①教職に対する責任感、探求力、教職生活全体を通じて自主的に学び続ける力（使命感や責任感、教育的愛情）、②専門職としての高度な知識・技能（教科や教職に関する高度な専門的知識、新たな学びを展開できる実践的指導力、教科指導・生徒指導・学級経営等を的確にできる力）、③総合的な人間力（豊かな人間性や社会性、コミュニケーション力、同僚とチームで対応する力、地域や社会の多様な組織等と連携・協働できる力）とし、特に「学び続ける教員像」の確立を強調している。なお、民主党政権下で出されたこの答申は教員養成の修士レベル化を提言したものとして大きなインパクトを与えたが、その後、政権交代があり、教員養成の修士レベル化は立ち消えになった。

70

　その後、2015年12月に出された答申である「これからの学校教育を担う教員の資質能力の向上について～学び合い、高め合う教員育成コミュニティの構築に向けて～」では、例えば使命感や責任感、教育的愛情、教科や教職に関する専門的知識、実践的指導力、総合的人間力、コミュニケーション能力等はこれまでの答申等においても繰り返し提言された不易の資質能力であり、引き続き教員に求められるとされ、また「学び続ける教員像」の確立も強く求められるとした。この答申において、特徴的なのは、「チーム学校」に資する力が打ち出されたことである。これまでも「同僚とチームで対応する力」は求められていたが、この「チーム学校」の考えの下、多様な専門性を持つ人材と効果的に連携・分担し、組織的・協働的に諸課題の解決に取り組む力が求められることになった。このことは、1人の教員がすべての課題に対応することが困難であることを認め、教職の役割を限定していく方向へと大きく舵を切るものといえる。

　さらに、教員の長時間勤務が社会問題化する中で、2019年1月25日に出された「新しい時代の教育に向けた持続可能な学校指導・運営体制の構築のための

表6-1　これまで学校・教師が担ってきた代表的な業務のあり方に関する考え方

基本的には学校以外が担うべき業務	学校の業務だが、必ずしも教師が担う必要のない業務	教師の業務だが、負担軽減が可能な業務
① 登下校に関する対応 ② 放課後から夜間などにおける見回り、児童生徒が補導された時の対応 ③ 学校徴収金の徴収・管理 ④ 地域ボランティアとの連絡調整 ※その業務の内容に応じて、地方公共団体や教育委員会、保護者、地域学校協働活動推進員や地域ボランティアが担うべき。	① 調査・統計等への回答等（事務職員等） ② 児童生徒の休み時間における対応（輪番、地域ボランティア等） ③ 校内清掃（輪番、地域ボランティア等） ④ 部活動（部活動指導員等） ※部活動の設置・運営は法令上の義務ではないが、ほとんどの中学・高校で設置。多くの教師が顧問を担わざるを得ない実態。	⑨ 給食時の対応（学級担任と栄養教諭等との連携等） ⑩ 授業準備（補助的業務へのサポートスタッフの参画等） ⑪ 学習評価や成績処理（補助的業務へのサポートスタッフの参画等） ⑫ 学校行事の準備・運営（事務職員等との連携、一部外部委託等） ⑬ 進路指導（事務職員や外部人材との連携・協力等） ⑭ 支援が必要な児童生徒・家庭への対応（専門スタッフとの連携協力等）

出典：中央教育審議会「新しい時代の教育に向けた持続可能な学校指導・運営体制の構築のための学校における働き方改革に関する総合的な方策について」（答申）、2019年1月、29頁。

学校における働き方改革に関する総合的な方策について」の答申では、教師が担うべき業務を、① 学習指導要領等を基準として編成された教育課程に基づく学習指導、② 児童生徒の人格の形成を助けるために必要不可欠な生徒指導・進路指導、③ 保護者・地域等と連携を進めながら、これら教育課程の実施や生徒指導の実施に必要な学級経営や学校運営業務、とし、それ以外の教師が担ってきた業務で整理をする必要のあるものを**表6-1**のように示している。

おわりに

　2010年代の3つの答申から、教員に求められる資質能力としては、不易とされる教育的愛情や教科や教職に関する専門的知識などに加え、学び続ける力や「チーム学校」に資する力などが強調され、「学び続ける教員像」が教職のあるべき姿として打ち出された。また、諸外国と比較して、授業以外にも広範な役割を担っているとされてきた日本の教員の役割の見直しが求められている。さらに、現在、中教審は、人工知能（AI）、ビッグデータ、Internet of Things（IoT）、ロボティクス等の先端技術が高度化してあらゆる産業や社会生活に取り入れられたSociety5.0時代における初等中等教育のあり方についての諮問を受け、教員に求められる役割や資質能力についての検討も行われており、全人格の陶冶と社会性の涵養をめざす日本型学校教育を支える教員としての役割と、働き方改革下での教員の役割を前提としながら、さらなる専門性の開発（例、データリテラシーやICT活用指導力）が教員には求められている。[5]

　教職は高度な専門職であることを求める国の政策が一貫して行われてきたことを確認してきたが、一方で国が進める学校や教員に向けた政策が専門職としての教職のあり方に悪影響を及ぼしているとの見解がある。例えば、八木は、東京都で2006年に出された職員会議の挙手による採決を否定する通知や、新自由主義の下で進む教育の企業化・商品化が教員の専門職アイデンティティを形骸化させると指摘している。[6]また、山下は、国が進める学校評価や教員評価等は、印象評価的なものを含む信頼回復等の文脈での社会からの評価が重視されており、専門家としての教員組織・集団が自律的に改善・底上げを図るような評価にはなっていないと述べている。[7]今津はマイケル・アップル（Michael Apple）が指摘した教師の「単純労働者化 proletarianization」と「瑣末技術主義 deskilling」の問題を、1970年代や80年代の日本の文脈にあてはめて検討し、

教職の自律性の縮減が進んでいることを論じているが[8]、官僚制的な組織原理の展開の中で、分業体制が進み、教師の仕事が分断・局所化され、教師が学校官僚組織の単なる部品になってしまうとするこうした議論は、現在の文脈の方がより説得力を持つ可能性がある。さらに、勝野はプレカリアート化（身分保障の脆弱化）と教職のサービス・デリバリー化を要因とする教職の脱専門職化と呼ばれる状況が世界的規模で進展しており、日本の教師が置かれている状況もその例外ではないと指摘している[9]。

　つまり、専門性の高度化はそのまま望ましい専門職のあり方につながるわけではなく、高度な専門性を専門職として発揮できる条件が整備されることが肝要だということである。なお、専門職についてはその閉鎖性や独占性の問題が一方では指摘されており、専門知識が権力をもちすぎると、クライアントや民衆の専門家依存を強めるという問題も深刻化するとされる[10]。子どもの社会的自立を支援することが教育の主要な目的であるとすれば、この点も留意しながら、教職の専門職性を検討する必要があるだろう。

　| 演習問題 |

1．教職をめぐる審議会等の答申や提言とそれを受けて作成された法令について文部科学省等の HP で確認してみよう。
2．現職の教師から、教職観や教師の役割・資質能力について聞き取りをしてみよう。
3．教職の専門性の高度化が要請される今日、どのような課題があり、その課題にどのように応えていくかについて自分の意見をまとめてみよう。

注

1）「明治廿年秋森文部大臣第三地方部学事巡視中演説ノ旨趣」国立国会図書館デジタルコレクション、1889年、7頁。
2）油布佐和子・紅林信幸・川村光・長谷川哲也「教職の変容——「第三の教育改革」を経て——」『早稲田大学大学院教職研究科紀要』第2号、2010年、51-82頁。
3）山田哲也・長谷川裕「教員文化とその変容」『教育社会学研究』第86集、2010年、39—58頁。
4）中央教育審議会「21世紀を展望した我が国の教育の在り方について」（第1次答申）、1996年7月。
5）中央教育審議会初等中等教育分科会「『令和の日本型学校教育』の構築を目指して～全ての子供たちの可能性を引き出す、個別最適な学びと、協働的な学びの実現～」（中

　　間まとめ）、2020年10月。

6 ）八木英二『教師の役割を問う——学校教育の民主主義——』三学出版、2013年。

7 ）山下晃一「教員制度改革の争点と展望——教員評価の問題を中心に——」日本教育制
　　度学会編『現代教育制度改革への提言　下巻』東信堂、2013年。

8 ）今津孝次郎「教師専門職化の再検討」油布佐和子編『教師という仕事』日本図書セン
　　ター、2009年。

9 ）勝野正章「教職の専門性」北村友人・佐藤真久・佐藤学編『SDGs 時代の教育——す
　　べての人に質の高い学びの機会を——』学文社、2019年。

10）越智康詞「『制度改革』のなかの教師——教育の専門性・公共性・臨床性の確立に向
　　けて——」永井聖二・古賀正義編『≪教師≫という仕事＝ワーク』学文社、2000年。

参 考 文 献

今津孝次郎『教師が育つ条件』岩波書店、2012年。

梶田叡一『教師力の再興——どうして教師は「尊敬」されなくなったのか？——』文溪堂、
　　2017年。

佐藤学『専門家として教師を育てる』岩波書店、2015年。

浜田博文編『学校ガバナンス改革と危機に立つ「教職の専門性」』学文社、2020年。

第7章

教員の職務内容と職務上・身分上の義務

はじめに

　本章では教員の職務内容と職務上・身分上の義務について解説する。本章でいう教員は、公立学校に勤務し、教育職員免許状をもち教育にあたる者を指す。

　法律上、教諭は「教育をつかさどる」（学校教育法（以下、学教法）第37条第11項）とされている。しかし、この規定だけでは教員の職務は明らかにならない。職務内容はより多様かつ複雑である。教員として勤務する上では、いかなる職務があり、その遂行にいかなる特徴があるのかを知っておく必要がある。

　また、職務を遂行するに当たっては、教員はさまざまな義務を守る必要がある。そして、職場から離れた勤務時間外でも教員は一定の義務を守らなければならない。これらを守らない場合、教員は懲戒処分を受けることになる。教員として勤務するためにはこれらの義務や懲戒についても理解が不可欠である。

　本章では以上のように教職に就く上で理解しておくべき教員の職務内容や特徴、守るべき義務や懲戒について法的側面に触れつつ解説をしていく。

1　教員の職務内容

　教員が担う業務の種類は多い。**表7－1**は教員勤務実態調査において使用された業務分類である。「児童生徒の指導にかかわる業務」は当然であるが、それ以外にもさまざまな業務を担うことが一目で分かろう。教員によって担わないものもあるが、多くの教員がこれらの業務を担っている。

　また、種類が多いことに加え、各業務は事前準備や調整、事後の整理や報告を伴うなど、実際の遂行はより複雑である。そして、教員の業務は、例えば「授業」と「生徒指導」とが同時間帯に行われるように重なり合いをもちながら（複合性）、同時並行で遂行され（同時並行性）、また業務によって中断と再開を繰り

表 7 - 1　教員勤務実態調査における教員の業務分類

児童生徒の指導にかかわる業務	朝の業務	朝打合せ、朝学習・朝読書の指導、朝の会、朝礼、出欠確認など
	授業（主担当）	主担当として行う授業、試験監督など
	授業（補助）	ティーム・ティーチングの補助的役割を担う授業
	授業準備	指導案作成、教材研究・教材作成、授業打合せ、総合的な学習の時間・体験学習の準備など
	学習指導	正規の授業時間以外に行われる学習指導（補習指導、個別指導など）、質問への対応、水泳指導、宿題への対応など
	成績処理	成績処理にかかわる事務、試験問題作成、採点、評価、提出物の確認、コメント記入、通知表記入、調査書作成、指導要録作成など
	生徒指導（集団）	正規の授業時間以外に行われる次のような指導：給食・栄養指導、清掃指導、登下校指導・安全指導、遊び指導（児童生徒とのふれ合いの時間）、健康・保健指導（健康診断、身体測定、けが・病気の対応を含む）、生活指導、全校集会、避難訓練など
	生徒指導（個別）	個別の面談、進路指導・相談、生活相談、カウンセリング、課題を抱えた児童生徒の支援など
	部活動・クラブ活動	授業に含まれないクラブ活動・部活動の指導、対外試合引率（引率の移動時間を含む）など
	児童会・生徒会指導	児童会・生徒会指導、委員会活動の指導など
	学校行事	修学旅行、遠足、体育祭、文化祭、発表会、入学式・卒業式、始業式・終業式などの学校行事、学校行事の準備など
	学年・学級経営	学級活動（学活・ホームルーム）、連絡帳の記入、学年・学級通信作成、名簿作成、掲示物作成、動植物の世話、教室環境整理、備品整理など
学校の運営に関わる業務	学校経営	校務分掌にかかわる業務、部下職員・初任者・教育実習生などの指導・面談、安全点検・校内巡視、機器点検、点検立会い、校舎環境整理、日番など
	職員会議・学年会などの会議	職員会議、学年会、教科会、成績会議、学校評議会など校内の会議
	個別の打ち合わせ	生徒指導等に関する校内の個別の打合せ・情報交換など
	事務（調査への回答）	国、教育委員会等からの調査・統計への回答など
	事務（学納金関連）	給食費や部活動費等に関する処理や徴収などの事務
	事務（その他）	業務日誌作成、資料・文書（校長・教育委員会等への報告書、学校運営にかかわる書類、予算・費用処理にかかわる書類など）の作成など
	校内研修	校内研修、校内の勉強会、研究会、授業見学、学年研究会など
外部対応	保護者・PTA 対応	学級懇談会、保護者会、保護者との面談や電話連絡、保護者対応、家庭訪問、PTA 関連活動、ボランティア対応など
	地域対応	町内会・地域住民への対応・会議、地域安全活動（巡回・見回りなど）、地域への協力活動，地域行事への協力など
	行政・関係団体対応	教育委員会関係者など保護者・地域住民以外の学校関係者、来校者（業者、校医など）の対応など
校外	校務としての研修	初任者研修、校務としての研修、出張を伴う研修など
	会議・打合せ（枠外）	校外での会議・打合せ、出張を伴う会議など
その他	その他の校務	上記に分類できないその他の校務、勤務時間内に生じた移動時間など
	休憩	校務と関係のない雑談、休憩など

出典：リベルタス・コンサルティング『「公立小学校・中学校等教員勤務実態調査研究」調査研究報告書』（平成29年度文部科学省委託研究）2018年、16頁の表より。

返して行われる。教員には高いマルチタスクの能力が求められる。

　以下、職務の分担について法的側面から説明する。学校の仕事の全体は「校務」と呼ばれ、国の法令によるもの、学校を管理する教育委員会（以下、教委）の規則によるもの、学校の必要に応じて校長が設定するものなどさまざまなものがある。校長は校務の責任者（学教法第37条第4項）として所属職員に校務の割り当てを行うが、その割り当てのことを「校務分掌」という（学校教育法施行規則第43条）。校長は総務、教務、財務、生徒指導、保健、福利厚生等の領域毎に分掌組織（委員会、部、係など）をつくりその構成員に関連業務を担当させる。分掌組織のリーダーは部長、主任、主事などと呼ばれる。教員はこのように校長から割り当てられた校務を職務として遂行する。

　ところで、教員の職務を校長が個別具体的に指示することは少ない。「教育をつかさどる」教員は授業を中心としつつ上述のように多様な職務を担うが、何をどこまで行うかの範囲は個々人の裁量に委ねられることが多く、それゆえ際限なく広がりうる。このような特徴は無限定性、無定量性と呼ばれる。

　なお、**表7-1**では教員が担うべきか曖昧な業務もある。中央教育審議会「新しい時代の教育に向けた持続可能な学校指導・運営体制の構築のための学校における働き方改革に関する総合的な方策について（答申）」（2019年1月25日）では、教員が担ってきた業務の今後のあり方を**表7-2**のように整理している。

　これまで教員は「問題や課題に対処するために研修や自己研鑽によって新たな知識・技能を学び、自らが「多様化」することで対応してきた」。つまり、新たな教育活動の導入や問題発生に対しては、主たる構成員たる教員が力量を伸ばすことでそれらに対応してきた。しかし、そのように教員の力量形成に依

表7-2　中教審の示した業務のあり方に関する分類

基本的には学校以外が担うべき業務	学校の業務だが、必ずしも教師が担う必要のない業務	教師の業務だが、負担軽減が可能な業務
① 登下校に関する対応 ② 放課後から夜間における見回り、児童生徒が補導された時の対応 ③ 学校徴収金の徴収・管理 ④ 地域ボランティアとの連絡調整	⑤ 調査・統計等への回答等 ⑥ 児童生徒の休み時間における対応 ⑦ 校内清掃 ⑧ 部活動	⑨ 給食時の対応 ⑩ 授業準備 ⑪ 学習評価や成績処理 ⑫ 学校行事の準備・運営 ⑬ 進路指導 ⑭ 支援が必要な児童生徒・家庭への対応

出典：中教審答申別紙2（61-74頁）をもとに筆者作成。

存するモデルは問題の複雑化・深刻化や勤務時間の面からも成り立たなくなりつつあり、またより専門性の高い職員を置いた方がよいとの認識から、「チーム学校」と呼ばれる政策や「教員の働き方改革」が現在進められている。

2　職務上・身分上の義務

教員には職務遂行の上で守るべき義務、すなわち職務上の義務がある。地方公務員法（以下、地公法）では第32条、第35条においてそれぞれ法令等および職

表 7 - 3　地方公務員法における職務上の義務

第32条	職員は、その職務を遂行するに当つて、法令、条例、地方公共団体の規則及び地方公共団体の機関の定める規程に従い、且つ、上司の職務上の命令に忠実に従わなければならない。
第35条	職員は、法律又は条例に特別の定がある場合を除く外、その勤務時間及び職務上の注意力のすべてをその職責遂行のために用い、当該地方公共団体がなすべき責を有する職務にのみ従事しなければならない。

表 7 - 4　地方公務員法における身分上の義務

第33条	職員は、その職の信用を傷つけ、又は職員の職全体の不名誉となるような行為をしてはならない。
第34条第1項	職員は、職務上知り得た秘密を漏らしてはならない。その職を退いた後も、また、同様とする。
第36条	1　職員は、政党その他の政治的団体の結成に関与し、若しくはこれらの団体の役員となつてはならず、又はこれらの団体の構成員となるように、若しくはならないように勧誘運動をしてはならない。 2　職員は、特定の政党その他の政治的団体又は特定の内閣若しくは地方公共団体の執行機関を支持し、又はこれに反対する目的をもつて、あるいは公の選挙又は投票において特定の人又は事件を支持し、又はこれに反対する目的をもつて、次に掲げる政治的行為をしてはならない。（以下、略）
第37条第1項	職員は、地方公共団体の機関が代表する使用者としての住民に対して同盟罷業、怠業その他の争議行為をし、又は地方公共団体の機関の活動能率を低下させる怠業的行為をしてはならない。又、何人も、このような違法な行為を企て、又はその遂行を共謀し、そそのかし、若しくはあおつてはならない。
第38条第1項	職員は、任命権者の許可を受けなければ、商業、工業又は金融業その他営利を目的とする私企業（以下この項及び次条第1項において「営利企業」という。）を営むことを目的とする会社その他の団体の役員その他人事委員会規則（中略）で定める地位を兼ね、若しくは自ら営利企業を営み、又は報酬を得ていかなる事業若しくは事務にも従事してはならない。（以下、略）

出典：地方公務員法をもとに筆者作成。

務上の命令に従う義務、職務専念義務を規定している（表7-3）。

　また、教員には公務員たる身分を有することに由来した、勤務時間外でも守るべき義務、すなわち身分上の義務がある。地公法では第33条、第34条、第36～38条でそれぞれ信用失墜行為の禁止、秘密を守る義務、政治的行為の制限、争議行為等の禁止、営利企業への従事等の制限を規定している（表7-4）。

　このうち第36条、第38条は、「教育を通じて国民全体に奉仕する教育公務員の職務とその責任の特殊性」（第1条）に鑑みて制定された教育公務員特例法により修正を受けている。前者については、同法第18条で、公立学校の教育公務員の政治的行為の制限は当分の間「国家公務員の例による」とされ、地方公務員よりも厳しい規制となっている。また、後者については、同法第17条で、兼職および他の事業等の従事に関して本務の遂行に支障がないと任命権者が認める場合は「給与を受け、又は受けないで、その職を兼ね、又はその事業若しくは事務に従事することができる」と積極的規定になっている。

3　教員と懲戒処分

　教員が非違行為により上述の義務を守らなかった場合、懲戒処分を受ける。懲戒処分とは組織の秩序と規律の維持のために行われる制裁のことである。懲戒処分には戒告、減給、停職、免職がある（地公法第29条第1項）[5]。懲戒処分の基準や効果は教員の任命権者（都道府県・政令市教委）が定める。任命権者は懲戒処分の公表基準を設けており、処分された者の氏名を公表することもある。なお、懲戒処分に類似したものとして訓告や厳重注意があるが、これらは将来を戒める実務上の処分に該当し、それ自体は直接の効果をもたない。

　文科省「平成30年度公立学校教職員の人事行政状況調査」によれば、訓告等を含め懲戒処分等を受けた全国の教育職員数は5978人（全体の0.65%）であり、前年度の5109人から869人増加した。また、わいせつ行為等（わいせつ行為およびセクシャル・ハラスメント）により懲戒処分等を受けた者は282人で、前年度（210人）から72人増加した。体罰により懲戒処分等を受けた者は578人で、前年度（585人）からやや減少している。

　教員のわいせつ行為に関しては厳罰化が進められている。文科省が任命権者に個別指導を行った結果、2020年、わいせつ行為を行った教員はどの自治体でも原則懲戒免職となることになった。また、① 免許状管理の厳格化の法改正

の検討、② 文科省が教員採用権者に提供する教員免許状の失効情報検索ツールの検索可能期間を直近 3 年間から40年間にする等の対応を行っている。[6]特に児童・生徒へのわいせつ行為は子どもの人権に関わるきわめて重大な問題である。教職への信頼を失わせる悪質な犯罪行為が繰り返されないよう、教壇からこのような教員が排除されることは望ましい動きと言えよう。

おわりに

　これまで述べてきたように教員の職務は多様でありかつ複雑である。従来職務の遂行は教員の力量形成により支えられてきたが、現在はその限界が認識されており、各自治体で教員の働き方改革が進められている。児童・生徒の教育に関わるすべてを教員が担うことは、教員の意思に関わらず、抑制されていくことになろう。その動向について今後より一層の注視が必要である。

　また、教員は公務員として働く以上、さまざまな義務を遵守しなければならない。それを怠った場合、教員は懲戒処分を受けることになるが、それは同時に教職の社会からの信頼を損ねることにつながる。教職に就く者はそのことを自覚するとともに、上記義務に対する理解を深めつつ、学校がコンプライアンス意識の高い組織となるよう日々努めていく必要がある。

［演習問題］
1. **表 7 - 1** で示した業務に教員が費やしている時間を調べてみよう。
2. 自治体で取り組まれている教員の働き方改革について調べてみよう。
3. 教員が円滑に職務を遂行するために工夫できることを考えてみよう。

注
1）藤田英典・油布佐和子・酒井明・秋葉昌樹「教師の仕事と教師文化に関するエスノグラフィ的研究――その研究枠組みと若干の実証的考察――」『東京大学教育学研究科紀要』第35巻、1995年、29-66頁（特にⅢの秋葉執筆部分）。油布佐和子「第 5 章　教育〈労働〉の視点からみた教師の多忙化」『教職員の多忙化と教育行政　問題の構造と働き方改革に向けた展望』福村出版、2020年、89-90頁。
2）校務は学校運営上の事務ととらえられることが多いが、厳密には授業も校務に入れられる。
3）法令（学施規）上に根拠のある主任、主事として、教務主任（第44条第 4 項）、学年

主任（同第5項）、保健主事（第45条第4項）、生徒指導主事（第70条第4項）、進路指
導主事（第71条第3項）などがある。

4）小川正人『日本社会の変動と教育政策 新学力・子どもの貧困・働き方改革』（放送大
学叢書47）左右社、2019年、132頁。

5）なお、教育職員免許法第10条の規定により、懲戒免職処分を受けた教員の免許状は失
効する。また、禁錮以上の刑に処せられた者も同様である。

6）萩生田文部科学大臣記者会見録（2020年9月15日、https://www.mext.go.jp/b_menu/
daijin/detail/mext_00091.html　2020年9月29日確認）。

参 考 文 献

井上麻紀『教師の心が折れるとき——教員のメンタルヘルス実態と予防・対処法——』大
月書店、2015年。

久冨善之『日本の教師、その12章——困難から希望への途を求めて——』新日本出版社、
2017年。

油布佐和子編著『教師の現在・教職の未来——あすの教師像を模索する——』（シリーズ
子どもと教育の社会学第5巻）教育出版、1999年。

コラム 8

▶保育者はいま

子ども・子育て家庭を支える保育者

　2019年度末から続く新型コロナウイルス感染症の流行により、エッセンシャルワーカーという言葉が脚光を浴びている。エッセンシャルワーカーとは、人々が日常生活を送るために欠かせない仕事を担っている人のことを指す。主に、医療・福祉・販売・通信・公共交通機関等が挙げられ、これらの職に従事している人は、緊急事態下においても簡単にその職をストップすることができないのである。その職業の 1 つに保育がある。

　現在、日本にある保育所等の数は 3 万6345カ所であり、267万9651人の子どもがそれらを利用している（2019年 4 月 1 日、厚生労働省調べ）。施設数、利用人数ともに年々増加しており、その効果もあってか目下の課題とされてきた待機児童数は前年比3123人の減少に転じている。

　保育所を始めとした保育現場で、保育の専門職として働いているのが保育者である。保育所保育士は、保育所保育指針のなかで「家庭との緊密な連携の下に、子どもの状況や発達過程を踏まえ、保育所における環境を通して、養護及び教育を一体的に行うこと」、また、幼稚園教諭は幼稚園教育要領のなかで「幼児との信頼関係を十分に築き、幼児が身近な環境に主体的に関わり、環境との関わり方や意味に気付き、これらを取り込もうとして、試行錯誤したり、考えたりするようになる幼児期の教育における見方・考え方を生かし、幼児と共によりよい教育環境を創造するように努める」ことが求められている。すなわち、言うまでもないが、保育者は子ども 1 人 1 人との信頼関係をもとに、子どもの発達やその状況に応じて保育・教育を行い、その後の人間の成長・発達の基礎を培う重要な役割を担っているのである。

　さらに、それぞれの保育現場においては、文言の違いこそあれ、利用している子育て家庭への支援や地域における保護者への支援等の役割も求められており、保育者に必要とされる知識や技術は多様化し、その果たす役割も大きくなってきている。

保育者の離職状況

　前述したように、保育者は子どもと子育て家庭の毎日を支える役割を担っている。ではその彼ら・彼女らの置かれた状況はどのようなものであろうか。

　厚生労働省の雇用動向調査（2019年）によると、保育士を含む「医療・福祉」

の離職率は14.4%であり、幼稚園教諭を含む「教育・学習支援業」にあっては17.7%と産業別では離職率第3位にのぼる。また文部科学省の学校教員統計調査（図1）によると、幼稚園教諭は小、中学校と比較し平均年齢が若く、平均勤務年数が短いことが明らかになっている[5]。さらに、保育士を対象にした調査によると、保育士としての通算就業年数は全体で「2～3年」が27.6%、「1年以下」が26.5%、「4～5年」が17.9%となっており、就業年数が3年以下の保育士が約5割を占めている結果であり（図2）、保育士としての職業を長く継続してい

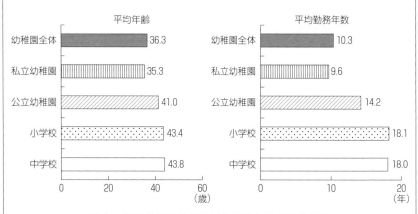

図1　各種学校の教員の平均年齢と平均勤務年数

出典：平成30年6月4日　幼児教育の実践の質向上に関する検討会〈参考資料〉。

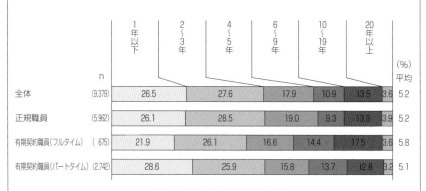

図2　雇用形態別保育士就業通算年数

出典：東京都福祉保健局ホームページ『平成30年度東京都保育士実態調査結果』https://www.fukushihoken.metro.tokyo.lg.jp/kodomo/shikaku/30hoikushichousa.files/430chosakekkashosai.pdf　2020年10月21日確認。

ないという状況が見て取れる。

　これら保育者の離職の背景には何があるのだろうか。前出の調査では、離職の理由（複数回答可）として、「職場の人間関係」が38.0％と最も多く、次いで「仕事量が多い」（27.7％）、「給料が安い」（27.4％）、「労働時間が長い」（25.3％）が挙げられている。つまりこれらの結果は、いかに「こどもが好き」、「保育士に興味があった」、「あこがれの職業だった」と熱い思いを持ち保育者になったとしても、安い賃金で、仕事量が多く、休みもなく働かねばならないという保育者の置かれた厳しい労働環境では継続意欲を持つことが難しいという状況を示しているといえよう。

求められる保育者への支援

　以上のような厳しい労働環境への対策として、国もさまざまな取り組みを行ってきている。例えば、2015年から実施された「保育士確保プラン」はそれにあたる。これは「待機児童解消加速化プラン」および、「子育て安心プラン」において求められている保育人材を確保するためのものであり、そのなかで人材育成、就業継続支援、再就職支援、働く職場の環境改善の４つの柱の確実な実施が求められている。なかでも、新人保育士を対象とした研修、保育の質の確保のための研修、研修参加のための代替職員の確保等といった取り組みや管理者を対象とした研修、雇用管理マニュアルの作成・提供、雇用管理改善を図るための取り組みの実施は、新人保育士の不安や戸惑いを解消し、職場環境を改善することで保育者の早期離職問題へ対応しようとしたものであった。さらに、再就職希望の状況を随時に把握し、再就職に向けた研修案内・求人案内などの情報提供など、再就職に向けた支援の実施、職員の勤続年数や経験年数に応じた処遇改善などは、これまでにない取り組みとして注目すべき点であったといえる。

　しかし、その後の調査に示されたように保育者の負担感・不満感が払拭されていない状況から考えると、これら取り組みもまだ道半ばにあると言わざる得ない。「エッセンシャル」とは、「欠くことのできない・最も重要な」という意味であり、保育者は、まさに子ども・子育て家庭に欠くことのできない、重要な人である。今後の保育者への更なる支援が望まれる。

　注
　1）保育所、幼保連携型認定こども園、幼稚園型認定こども園、地方裁量型認定こども園、小規模保育事業、家庭的保育事業、事業所内保育事業および居宅訪問型保育

事業含む。

2）厚生労働省ホームページ『保育所等関連状況取りまとめ（平成31年4月1日）』https://www.mhlw.go.jp/stf/houdou/0000176137_00009.html　2020年10月10日確認。

3）幼保連携型認定こども園教育・保育要領においては、「園児との信頼関係を十分に築き、園児が自ら　安心して環境にかかわりその活動が豊かに展開されるよう環境を整え、園児と共によりよい教育及び保育の環境を創造するように努める」とされている。

4）厚生労働省ホームページ『2019年（令和元年）雇用動向調査結果の概要』https://www.mhlw.go.jp/toukei/itiran/roudou/koyou/doukou/20-2/dl/kekka_gaiyo-02.pdf　2020年10月20日確認。

5）文部科学省ホームページ『学校教員統計調査──平成28年度（確定値）結果の概要──』https://www.mext.go.jp/component/b_menu/other/__icsFiles/afieldfile/2018/03/28/1395303_03.pdf　2020年10月20日確認。

コ ラ ム 9

▶小学校教諭はいま

小学校の先生は、忙しい

小学校の先生の毎日の仕事。それは、始業前の教室整備、児童の出迎え、職員打合せ、朝の会、授業準備、授業の実際、授業と授業の間での児童との対話や見守り、宿題や日記の点検、昼食指導、清掃指導、終わりの会、放課後の会議・打合せ、事務処理、翌日の授業準備、学級だよりの作成、等々。

他にも時期に応じて、通知表や指導要録の作成、研修、家庭訪問、保護者との面談、問題事案の解決や未然の防止、学校行事の準備、地域の行事への参加、保幼小連携、小中連携、等々。

ときには休日に出勤して、平日に処理できなかった上記のどれかをカバーする。また児童の長期休暇（春、夏、冬）中にも、新学期の準備はもちろんのこと、上で述べた職務のどれかをこなしている。

毎日毎日、朝から夜まで、心も体も休まることのない緊張状態が続く。

小学校の先生は、心から児童の成長を願っている。

どんなに忙しくても小学校の先生が毎日頑張れるのは、心底、児童の成長（学力と人間性の両面）を願っているからだ。

学力の面で言えば、各教科、外国語活動・外国語、道徳科、特別活動、総合的な学習の時間、それぞれの独自性と関連を追究し、授業力の向上につながる研修や研究授業に尽力する。そこには、現在と将来の、児童の姿と生活を確かなものにしたいとの切なる思いが存在する。

人間性の面で言えば、児童の自立と、他者との共生、この両方に重きが置かれた指導・支援が展開されている。小学校の段階で自立と共生の基礎となる素養を身につけることが、やはり現在と将来における児童の姿と生活を確かなものにすると考えるからである。

小学校の先生は、悩み、そして解決策を探しあてる。

児童の学力の伸張にしろ、人間性の豊かな醸成にしろ、児童の成長を心底願う先生にとって必要不可欠なものがある。それは、児童の成長のための準備と実践と評価だ。

しかし先生は忙しくて、児童の成長に役立つ準備、実践、評価、それぞれの探究、開発、習熟にかける時間をなかなか確保できないでいる。

どうすればよいのか、先生は悩む。そして、ある結論に達する。それは、授業や指導・支援のための道具・ツール、教則・マニュアルの使用である。先人が紡ぎ出したやり方・方法を用いて実践することで、毎日の教育活動を行っていくことができるというわけだ。

そこで、道具・ツール、教則・マニュアルの研修が盛んに行われる。これを使えばこうなる、そういうときにはこうすればよい、というように、必ず一定の成果（成長の証しとなるもの）が得られる教具、方法を、学び、習得し、使用する、そのための研修が行われるのである。

例えば、思考のための道具・ツール、物語を読む授業をどう展開するかの教則・マニュアル、人を思う気持ちをはぐくむ道徳科の授業をどう展開するかの教則・マニュアル、対話を活性化させるための道具・ツールや主体的な対話を促進する教則・マニュアル、等々の研修や研究授業である。

児童の成長を心底願う先生は、本当に熱心に研鑽を積み、自身の実践力を高めようとする。

小学校の先生は、３つに分かれる──なぞる、いかす、つくる──

校内での学年ごとの研究授業、校内全体の研究授業、外向けの研究授業。小学校の研究授業はどれも充実している。授業を公開する先生は学年や部・委員会の先生たちと毎日遅くまで議論を交わし、協力体制で指導案をつくりあげ、当日を迎える。

授業を参観する教職員は、参観中、熱心にメモを取り、児童の様子を観察し、自分の意見や質問を練り上げる。授業終了後の協議会では、質問や意見を述べることが研究内容の質の深化・拡充につながるのだとわかったうえで、活発な議論を展開する。そして学んだことを明日からの教育実践に生かそうとする。

ある小学校の研究発表会に行かせていただいた。そのときの研究テーマは、「ツールを用いた学習」であった。すでに開発されたあるツールを使えば、ある活動が成立する。その活動が成立すれば、ある学力（知識・技能）が身につくという仮説に基づく研究であった。先生が過去の業績（やり方）を「なぞる」、あるいは、「きわめる」ことで、その過去の業績が正しいということを証明するのである。

このとき見落としてはならないことがある。それは、先人が自分のやり方を確立したときの児童と、そのやり方を「なぞる」「きわめる」先生たちが目の前にしている児童は同じではないという、当然の事実である。

　もちろん先人の業績である「ツール」には、普遍性が備わっている（はずだ）。しかし児童の個性（ここでは個性を1人1人に備わるものの見方・考え方および表現の仕方とする）が異なる以上、そのツールを使う際には、目の前の児童に合わせた改善や応用が必要なはずだ。

　だが実際は、そのツールを使えばこのように成果が出るということを「なぞって証明」することが多い。成果が出ないときには、「授業の中でのツールの使い方を指導者が間違った」、あるいは、「ツールの使い方に関する児童生徒の理解が十分ではなかった」という解釈がなされる。

　一方、「なぞる」「きわめる」では目の前にいる児童の個性に適さないと考え、道具・ツール、教則・マニュアルをバージョンアップする（工夫・改善を加える）ことで、児童の個性を生かそうとする先生がいる。「生かす」先生である。多忙な先生にとって「生かす」作業は大変な労力を伴うが、そこに価値を見出す先生だ。

　また、「創る」先生が存在することも事実だ。児童1人1人の個性に応じた学習課題、学習方法（教材・教具を含めて）、学習評価法を、先人の知恵を借りつつも、最初から開発していこうとする先生である。

　「創る」先生には「生かす」先生よりもさらに多くの時間と労力が必要になる。しかし日々接する児童の顔が頭に浮かんだとき、そして、自分が開発した学習活動によって児童の顔が光り輝いたとき、その苦労も吹き飛んでしまう。

　小学校の先生は、ジレンマの中で児童の成長を心から願っている
　　・1人1人の児童の生活経験を豊かにする指導・支援
　　・1人1人の児童の生活経験を生かす指導・支援
　　・1人1人の児童のものの見方・考え方、価値観を深め、広げる指導・支援
　　・1人1人の児童のものの見方・考え方、価値観を生かす指導・支援

　小学校の先生は、「1人1人の児童に、独自の生活経験、ものの見方・考え方、価値観が備わっている」ことを重々承知している。そのうえで、それらを大切にしたいと心底願い、多忙な中、「めざす指導・支援」の実現に向かって、日々真剣に考え、奮闘している。

　しかし児童1人1人の個性に応じた学習活動を構築するための時間があまりにも少ない。そのため、道具・ツール、教則・マニュアルを「なぞる」ことに集中し過ぎるときがある。こんなとき、先生は、児童の真の姿を見失いつつある自分自身を責めるとともに、ジレンマを抱えながら生活を送ることになる。

コラム10

▶中学校教諭はいま

ここでは、中学校の先生が行う指導の中から、教科指導、部活指導、進路指導、生徒指導の4つを取り上げ、その現状を、「全体が生きる」、「個人が生きる」という観点でとらえていく。

全体（平均）が生きる教科指導と個人（個性）が生きる教科指導

　生徒の声：「先生、このテストの平均点は何点ですか？」「せっかくいい点を取ったのに平均点が高くてがっかり」
　先生の声：「テストの平均点が低かったのは、みんなの勉強不足か、それとも問題が難しかったせいか」「うちのクラス、隣のクラスより平均点が高い」

学校では今も平均点が重宝されている。平均点は、生徒にとっては全体の中での個人の位置を知る目安となり、先生にとっては集団の出来を測るための物差しとなっている。

そのため先生の中には、「平均点が高い＝多くの者が教科の知識・技能を習得している」ととらえて、平均点向上に効率がよい（と思われている）「伝統的な一斉型・伝達型」の指導を「協働型・交流型」の指導より大事にする傾向がある。

「協働型・交流型」の指導が浸透しづらいのはなぜか。それは生徒の主体的な活動を生かすという、教師にとっては「言うは易し行うは難し」の現実が存在するからだ。

「（教科の専門的な知識・技能との関連の中で）生徒に自分の考えをつくらせる → 表現させ、交流させる → 評価させる」という一連の活動のそれぞれにおいて、生徒の主体的な活動を取り入れるには大変な授業力が必要となる。

中でもいちばんの困難は、1人1人の生徒の考えを生かすという作業である。生徒1人1人には、当然、各自の個性（1人1人に備わるものの見方・考え方および表現の仕方）が存在する。その個性から生まれた考えを生かしながら教科の知識・技能の習得・活用をめざすというのは並大抵のことではない。集団に属する多くの者が一定の知識・技能を効率よく習得・活用するためには、個人の考えはどうしても軽視されがちになる。

全体（和、結果）が生きる部活指導と個人（個性、自主性）が生きる部活指導

　先輩後輩の関係を学べる。努力することの大切さを学べる。一生つき合える仲間を見つけられる。これらは部活のよいところだ。一方、次のような声もある。理不尽な上下関係がある。自分は関係がないのに連帯責任を取らされる。部活の運営は、生徒の自主性ではなく顧問の意向が優先される。

　このような部活では、チームのため・メンバーのため・学校のために努力や自己犠牲を行う者が素晴らしい人間だと評価される。つまり集団のための個人のあり方が問われており、全体の和（個々の個性や技量よりも他者への思いやりに基づいた集団の秩序が優先され、その秩序が保持された状態）や全体の結果・成果に奉仕する精神と言動が良しとされているのだ。そして和を乱す者とは、個人の目標や個々の技量の差による部活運営を強く主張する者であり、それらを自己中心的な欲求だと判断された者のことである。

　全国的に有名な、ある部活でのことである。保護者から管理職に対して次のような訴えがあった。「顧問がレギュラークラスの生徒ばかりを大事にして、なかなか上手くならないうちの子などは無視されている。これでは、上手な子には自信、帰属感、優越感が生まれ、下手な子には不安、疎外感、劣等感が生まれる。学校の部活としてこの指導と姿勢はいかがなものか。このことは娘が部活を引退した今だから言えること。現役時に言ったら、娘が顧問に睨まれる。」

　勝利（結果）を優先するあまり顧問の力が増大し、部員も保護者も顧問に逆らえなくなっていく。このような部活では顧問のやり方が絶対化し、生徒自身がやり方を考え実践していくことは困難だ。生徒個々のやり方や技量が生きる集団の形成という視点の大切さを指導者も生徒も理解はしている。しかしそれを実現するのは難しい。

全体（バランス）が生きる進路指導と個人（希望、特性）が生きる進路指導

　中学校卒業後の進路。生徒が自分の行きたいところに行けたら、生徒にとっても先生にとっても、これほど嬉しいことはない。しかし現実は厳しい。多くの場合、試験というハードルをクリアーしなければならないからだ。

　先生は考える。「中学校卒業時点で浪人をさせるわけにはいかない。そのためにはバランスの取れた進路指導が必要だ。」全体のバランスを考えた進路指導とは、各自のテスト結果・点数をもとにして、その結果・点数に見合う進路先に生徒をあてはめていくことを意味する。

　先生は進路先の決まらない生徒が出ることを極端に恐れる。その生徒の立場に

立ち、その生徒がどれだけ不安でいるかを考えるからだ。また中学校卒業時点
で、個人の希望や特性のみに応じた進路先を選ぶことは、その生徒の将来の生活・
職業・収入の広がりを拒む要因になるとの考えも根強い。そのため先生は、生徒
個人の希望や特性よりもバランスの中での進路先を考えてしまう。

　一方で、確かな目標を持っている生徒は先生の想像ほどには不安を感じていな
い。むしろ翌年に再チャレンジをしてでも自分で自分の進路を切り開きたいと
願っている。

　中学校卒業時点での進路に向かってのチャレンジはその年かぎりという考え
に縛られることなく、生徒個々の希望や特性を生かす進路指導はどうあるべきか
について、先生と生徒がともに考え開発していく時代が来ている。

全体（共生、秩序）が生きる生徒指導と個人（自律）が生きる生徒指導

　中学校の先生が行う指導のすべてにおいて、その根底に位置すると言われてい
る指導がある。それは生徒指導である。生徒指導が行き届いているから、教科の
授業も、対外的な学校行事も、生徒の人間関係も、進路の決定も、その他の活動
も、すべて円滑にいくという考えだ。

　ところで、ここでいう生徒指導とは何か。それは、集団の秩序維持に向かって、
自主的、自発的、主体的、自律的に行動する力、それを生徒に身につけさせるた
めの指導のことである（裏返しの考え方として、自主性、自発性、主体性、自律
性を、自分の個性を生かすために発揮するのは自分勝手な生徒だという認識が学
校には存在する）。

　自分１人ではなく他者とともに生活しているのだという認識（共生）と、集団
の秩序を維持することがすべての学校生活を効果的に成立させる基盤なのだと
いう認識（秩序）、この２つが、多くの学校の生徒指導の方向性を決めている。

　一方、生徒が、共生の意識を根底にしつつ、自分の考えや言動の中身を、自分
で考え、自分で決め、自分で表現し、自分で振り返るという自己指導能力、これ
を育成するのが生徒指導の本来の目標であるという考え方が存在する。

　共生力の習得・活用を目標とする指導では、生徒の自主性、自発性、主体性、
自律性は、集団の成長や秩序の維持に向かって発揮されることが多くなり、生徒
自身の自己決定・自己表現・自己評価力の習得・活用が目標となったときには、
それらは生徒個々の個性の尊重に向かって発揮されることが多くなる。

　両方の発揮をバランスよく生徒に行わせるのが本来の生徒指導のはずだが、多
くの学校では共生を前面に出し（過ぎ）た生徒指導となっている。この現状を憂

い、何とかしなければと考えている先生が、悩み、葛藤している。

コラム11

▶高等学校教諭はいま

高校生の発達と学力

2018年3月に高等学校学習指導要領が改訂された。学力の三要素（知識・技能、思考力・判断力・表現力、学びに向かう力）に基づき、どのような教育活動を展開していくのか、教諭には日々研鑽が求められる。都道府県教育委員会が主催し、アクティブ・ラーニングの開発やパフォーマンス評価などの研修が行われている。しかし、後期中等教育に携わる教諭は、それらを無批判に受け入れるのではなく、高校生の発達に即した学力の形成を冷静に捉える力も必要だろう。教育には不易と流行があることはいうまでもない。

Society5.0[1]の到来が経済産業界を中心に声高に叫ばれる現代において、それらの要請に応えうる教育を行うことは、国民の負託に応えることになる。しかし、学力の三要素の学力観では、「なぜこの生徒は、理解できないのだろうか？」と考える視点を教諭から欠落させないか懸念される。教育格差と経済格差の関連性が指摘されて久しいが、この課題は単純な自己責任論では解消できない。生徒の生活背景や成長と発達過程を押さえ、1人1人と向き合い、どこでつまずいているのかを考えケアできる教諭の存在は、かつてなく必要とされている。「できること」だけに目を奪われるのではなく、「できない」生徒をできるように指導する力が教諭の専門性ではないだろうか。

不登校問題などと生徒指導のあり方

文部科学省の統計によると、小中高校で不登校児童生徒が増加している（図1）。国連子どもの権利委員会の日本政府に対する勧告[2]を見ると、日本は十数年前から過度に競争的な環境であることが指摘され続けている。不登校の要因は複雑で多岐に渡るが、進学過熱などの過度な競争がその要因の1つになっていることに、思いを巡らせる必要があるのではないだろうか。

また、昨今では「ブラック校則」問題が社会的にクローズアップされている。下着は白、スカート丈、髪の染色禁止などの「校則」の下に服装・頭髪の指導が行われている。大阪の黒染め訴訟にまで発展した事例[3]に象徴される問題は、高校における生徒指導のあり方に一石を投じた。「主体的で対話的な深い学び」が求められる中で、生徒の成長にとって意味のある校則なのか、「決まりだから守らなければいけない」という論理で説明をシャットダウンしては説得力がないだろう。理不尽な校則であっても、学校の指導であれば免罪される時代は終わったと

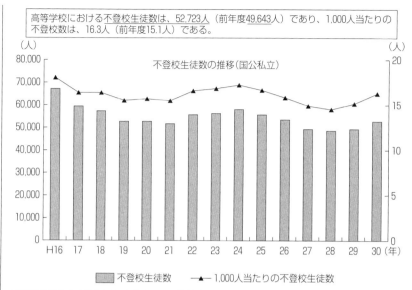

高等学校における不登校生徒数は、52,723人（前年度49,643人）であり、1,000人当たりの不登校数は、16.3人（前年度15.1人）である。

不登校生徒数の推移（国公私立）

不登校生徒数の人数と1,000人当たりの不登校生徒　　　　　　　　　　　　　　　　　（人）

	H16	H17	H18	H19	H20	H21	H22	H23	H24	H25	H26	H27	H28	H29	H30
不登校生徒数	67,500	59,680	57,544	53,041	53,024	51,728	55,776	56,361	57,664	55,655	53,156	49,563	48,565	49,643	52,723
1,000人当たりの不登校生徒数	18.2	16.6	16.5	15.6	15.8	15.5	16.6	16.8	17.2	16.7	15.9	14.9	14.6	15.1	16.3

図1　高等学校における不登校の状況について

出典：文部科学省資料より（文部科学省令和元年12月13日第124回初中分科会資料2、17頁）。

いう認識を持つ必要がある。

　また、問題行動などが発生した場合に、事情聴取の過程で生徒の人間性を否定するような言葉を教諭が発したことから、自死に至る事例も生じている。遺族の、「学校からなぜこのような事例がなくならないのか。概念をつくらなければ同じことが繰り返される」という悲痛な思いから、「指導死」という言葉がつくられたのである。高校自体が評価にさらされ、受験生獲得のために進路実績を上げ、スポーツも動員されて否応なく競争させられる中で、高校教諭には本来の教育の目的である、「人格の完成を目指す」生徒指導の問い直しが必要である。

　多様性の包摂と人権の尊重

　現在、1人1人の多様性を包摂し、尊重する社会が構築されつつある。グロー

バル社会が進展する中で、人種、国籍、ジェンダー、LGBTQ など社会的マイノリティーの声に耳を傾け、子どもの権利条約や国際人権 A 規約の理念を実現していくことが求められている。

　例えば、日本は労働力不足を補うため2019年に「出入国管理及び難民認定法及び法務省設置法」を改正し、外国人労働者受け入れに舵を切った経緯があり、外国籍の生徒が増えるのは必然である。それらの生徒が適切に学ぶ環境は保障されているだろうか。この問題は校内だけでは解決できないため、自治体や地方教育行政との連携も必要になる。

　また、性的マイノリティーに対する配慮も求められる。思春期のまっただ中にある高校生が、性的指向や性自認で悩むことは決して特殊なことではない。例えば中学校までは割合ジャージ登校が多く、それほど違和感を覚えなかったが、高校では制服の着用が義務づけられ、違和感が顕著になる例がある。生徒からカミングアウトされた時に、教諭としてどのような対応ができるのか、ここでも教諭の専門性が問われる。もちろん、学校全体として対応することが求められるが、その中のひとりの教諭として、生徒をしっかり受け止め、寄り添うことができるかが大切である。性的マイノリティーは約 8 ％ともいわれているため、学年で何名かはいるはずだという認識がいる。他の生徒へも配慮しつつ、多様性と人権の尊重ができる学校づくりが求められる。

ネット時代の高校生の社会参加と主権者教育

　2020年は新型コロナウィルス感染症の感染拡大で、突然の一斉休校や、オンライ授業になり、通常の高校生活を何ヶ月も送ることができなかった。こうした中で、高校生がネットで「高校生活を取り戻したい」と 9 月入学の署名を呼びかけた。瞬く間に全国に広がり、 2 万3600筆の署名を文部科学省に提出したことはメディアでも大きく取り上げられ、一時は政権も動かした。 9 月入学には賛否があり、政策的にも課題が多く実現しなかったが、ネット時代の高校生の新しい社会参加の形を示すことができたのではないだろうか。大学入試改革では当事者である高校生が置き去りにされ、英語の民間資格試験や国・数の記述式が導入されようとした。これにも高校生たちはネットで連帯し、声を上げた。クラスや学校の中では、いわゆる政治的な発言はなかなかしにくい状況にあるが、ネットでつながった高校生のこれらの行動は、シティズンシップの体現である。高校教諭として、生徒たちを応援することが主権者教育になるだろう。高校生に社会を変える力があることを示せたのは、今後の高校教育の希望である。

注

1 ）society5.0 内閣府 HP　https://www 8 .cao.go.jp/cstp/society 5 _ 0 /、2020
年12月27日確認。

2 ）荒牧重人著「子どもの権利条約第 4 ・ 5 回日本政府報告の検討と報告制度の効果
的活用」『山梨学院ロー・ジャーナル』第12号、2018年、 8 頁。

3 ）大阪府黒染め訴訟朝日新聞2017年10月26日　https://www.asahi.com/
articles/ASKBS 6 D22KBSPTIL024.html、2020年12月27日確認。

4 ）「 9 月入学、求める学生も『受験不安』ネットで署名──学者ら『今必要な支援を──』」
2020年 5 月27日時事通信　https://www.jiji.com/jc/article?k=2020052600796
&g=soc、2020年12月27日確認。

第8章

園学校と家庭、地域住民の連携・協働

はじめに

　近年、全国的に少子高齢化が急速に進み、核家族化や女性の社会進出が一般的になるとともに、個人の価値観やライフスタイルが多様化している。このような社会状況の下、家庭の教育力の低下、異年齢や世代間での交流の機会の減少に伴う人間関係の希薄化や地域コミュニティの脆弱化等が顕在化し、乳幼児および児童生徒を巡るさまざまな環境の変化も指摘されている。こうした指摘に伴い、家庭の機能の代替的役割を担うことが保育所・幼稚園・認定こども園（以下、園と総称）に求められている。また、子どもの教育環境を充実させるためには、園学校・家庭・地域それぞれの教育機能の充実を図るとともに、相互の連携・協働を強化し、園学校・家庭・地域が一体となって子どもの養育および教育に取り組む環境作りを進めていく必要がある。

　本章では、子どもたちを取り巻く家庭と地域社会の変化と園学校間の連携・協働の現状と課題を明らかにしつつ、園学校と家庭および地域住民の望ましい連携・協働のあり方や子どもたちが育ちやすい地域社会となるための取り組みについて考察していく。

1　子どもたちを取り巻く家庭、地域社会の変化と園学校間の連携

　家庭はすべての教育の出発点であり、子どもたちが基本的な生活習慣・生活能力、人に対する信頼感、豊かな情操、思いやりや善悪の判断等の基本的倫理観、自立心や自制心、社会的マナー等を身につける上で重要な役割を担っている。また、家庭では子どもたちが社会を生き抜く力を持つことができるように、さまざまな教育資源の情報収集や活用を図るなど、それぞれできることを努力している現状がある。しかし近年、家庭の教育力の低下が指摘されているよう

に、核家族やひとり親家庭の増加等の家族形態の変容や地域社会のつながりの希薄化等を背景に子育ての不安を抱える保護者の増加などがみられる。

　園学校生活などにおける子ども集団での体験が、子どもたちの自立を促し社会性を身につける上で重要になるため、園学校が子どもたちの成長について共通の理解をもち、学び・発達の連続性を意識した連携を取り組む必要がある。園における保育・幼児教育が担う役割がきわめて重要であり、子どもの基本的な生活習慣を確立し、道徳性の芽生えを培うものであるのに加えて、学習意欲や態度の基礎となる好奇心や探究心を育てながら小学校以降における生きる力の基礎や生涯にわたる人間形成の基礎を培うという重要な役割を担っている。

　例えば、これまでの園学校の連携・協働については、保幼小連携の取り組みがある。保幼小連携は、幼稚園・保育所などにおいて遊びを主導的活動として展開される幼児期の生活と、学校での集団生活のなかでの学習を主導的活動として展開される低学年教育とを、内容的・方法的な工夫によって、子どもにとって無理のないスムーズな接続を図ること、あるいはそのための条件整備を意味して用いられている。[1] 保幼小連携の重要性が盛んに論じられるようになった背景の1つとして、1990年代後半頃より「小1プロブレム」が注目されたことが挙げられる。これは、小学校に入学した子どもたちが、教室の中を自由に歩き回る行為や、椅子に座って話を聞くことができないなど、学級が成立しない現象を指している。新保真紀子は「小1プロブレム」について、幼児期の育ちそびれが多い子どもたちが引き起こす問題で、学級崩壊というよりは、集団を形づくれない学級未形成の状態であると述べている。[2] こうした指摘もある中で、園から小学校への滑らかな移行が注目されるようになった。他方で家族の多様化や女性の就労状況の変化、少子化の進行といった社会の変化も保幼小連携の必要性を後押ししているため、園学校間において対策を進めていけば解決するものではなく、家庭や地域との連携は大変重要である。

　現代における家庭や地域社会の変貌が園学校や子どもの変化以上に激しいということである。家庭の保護者たちは、近隣からのサポートを得にくいなど育児の重要性を十分自覚しながらも日々の子育てに奮闘しているが、児童虐待へとつながる可能性も高い。また、地域社会についてある論者は、「居住者はいても『地域住民』がいない」と指摘している。すなわち、1960年代の急激な社会変動により、地域への定着性は減少し、人間関係の希薄化をはじめ、地域社会への帰属意識やアイデンティティは薄れ、1つの統一体として成立しなく

なっている³⁾。

　園学校と家庭、そして地域の教育力は、相互批判や相互依存することによって発揮されるのではなく、それぞれの役割や責任を果たし、その上で連携・協働によって成り立つものであるため、今後も地域に開かれた園学校づくりをしていくことがますます求められる。

2　園学校と家庭、地域住民の連携・協働に必要なもの

　家庭・地域社会との連携について保育所保育指針では「子どもの生活の連続性を踏まえ、家庭及び地域社会と連携して保育が展開されるよう配慮すること。その際、家庭や地域の機関及び団体の協力を得て、地域の自然、高齢者や異年齢の子ども等を含む人材、行事、施設等の地域の資源を積極的に活用し、豊かな生活体験をはじめ保育内容の充実が図られるよう配慮すること」と述べられている⁴⁾。また、幼稚園教育要領では、「幼児の生活は、家庭を基盤として地域社会を通じて次第に広がりをもつものであることに留意し、家庭との連携を十分に図るなど、幼稚園における生活が家庭や地域社会と連続性を保ちつつ展開されるようにするものとする。（中略）また、家庭との連携に当たっては、保護者との情報交換の機会を設けたり、保護者と幼児との活動の機会を設けたりなどすることを通じて、保護者の幼児期の教育に関する理解が深まるよう配慮するものとする」と述べられている⁵⁾。家庭や地域での子どもの生活の連続性への配慮、家庭や地域との連携や協力、地域の資源の積極的な活用が記述されている。加えて、小学校学習指導要領では、「学校がその目的を達成するため、学校や地域の実態等に応じ、教育活動の実施に必要な人的又は物的な体制を家庭や地域の人々の協力を得ながら整えるなど、家庭や地域社会との連携及び協働を深めること。また、高齢者や異年齢の子供など、地域における世代を超えた交流の機会を設けること⁶⁾」と述べられており、家庭・地域社会との連携が重要視されている。

　学校と地域の連携は、「地域に開かれた信頼される学校づくり」や「地域全体で学校を支援する体制の構築」といった観点から教育改革の柱として推進されており、2006年に改正された教育基本法の第13条では、学校・家庭・地域住民等の相互の連携・協力の重要性として「学校、家庭及び地域住民その他の関係者は、教育におけるそれぞれの役割と責任を自覚するとともに、相互の連携

及び協力に努めるものとする」と述べられている。また、2015年公表の中央教育審議会による答申「新しい時代の教育や地方創生の実現に向けた学校と地域の連携・協働の在り方と今後の推進方策について」では、これからの学校と地域のめざすべき連携・協働の姿が示されるなど、学校と地域の連携はますます重要視されている。学校は、子どもたちが多くの人々との交わりの中で社会性を育み、地域への愛着が芽生えるとともに、先生から褒められることによりやる気が向上するなど、「子どもの育ちの場」として重要な場所である。この「子どもの育ちの場」である学校に、地域の大人たちがより多く関わることで、地域の大人も成長する場となりうるとともに、学校が地域の活動拠点となることで、地域コミュニティが結びつきを深める場となる可能性もある。

　学校と地域社会の連携は教諭の異動にも左右されやすい。例えば「先生は風で、地域は土」などといわれる。[7]これは、教諭は風のように来て風のように去っていくが、地域に住む子どもや保護者はずっとそこに住み続けることを表した比喩表現である。地域との連携に熱心な教諭が異動で転出すると、その取り組みが停滞気味になることも珍しくない。そこで重要な役割を果たすものが、コミュニティ・スクール（学校運営協議会制度）という学校・家庭・地域社会の協働による学校運営を通した子どもの教育や健全育成への取り組みである。保護者や地域住民が学校運営に参画するコミュニティ・スクールや幅広い地域住民等の参画により地域全体で未来を担う子どもたちの成長を支え地域を創生する地域学校協働活動等の推進により、全国各地において学校と地域の連携・協働が進められている。こうした進展は、学校の設置者や管理職、地域社会の強いリーダーシップによるものであるが、これらの取り組みを更に広げていくためには、学校教育を通じてどのような資質・能力をはぐくむことをめざすのか、学校ではぐくまれる資質・能力が社会とどのようにつながっているのかについて、学校・家庭・地域社会が現状認識と学校教育の目的などを共有していくことが重要となる。

３　子どもが育つ地域社会となるために

　園学校・家庭・地域社会の課題に対応するためには、園学校を核にして地域全体を学びの場としてとらえ、子どもたちも大人も主体的に地域活性化に取り組み、地域コミュニティを創り出す必要がある。また、これからの時代を生き

抜く力を身に付けるために、地域で家庭や子どもたちを見守り支える仕組みを作り、すべての子どもが適切な家庭教育を受けられるようにするとともに、地域住民・企業・NPO などのさまざまな地域人材が関わり、実社会に裏打ちされた幅広い知識・能力を育成することが必要となる。

　地域社会で子どもを育てるということは園学校の中で子どもを育てることとは異なり、子育て支援を通じて地域の中に、子どもから高齢者までを含めた異年齢・異世代の交流と学び合い・育ち合いの機会を豊かに生み出すことにある。なぜなら保護者にとってみれば、「子育て支援」を交流して学び合うことは、同時に高齢者への支援など次のライフステージで直面する課題を見通すことにもつながり、人生を通じての「切れ目のない」支援体制構築への模索に連動していく可能性があるからである。

　園学校と家庭、地域社会の連携を推進していくためには、地域全体で子どもたちの学びについての情報が共有されていることが重要であり、そのための環境整備が必要である。例えば、特定の団体に所属していなくても、必要な人が、必要な時に、必要とする情報をいつでも受け取ることができるような仕組みを構築していく必要がある。園学校にとって身近なパートナーは、家庭・地域住民の中でボランティアなど園学校支援に関わっている人たちである。こうした人たちは、自らの職業的な専門性や人生経験を活かして園学校における教育活動を応援してくれる人たちといえる。

　これらの園学校支援パートナーが持っている知識や技能をアドバイザーとして地域づくり活動と連動させることで、子どもたちのあらゆる活動が地域づくりになっていく。[8] すなわち、地域づくりの内容は産業・経済に関わることだけではなく、文化活動・教育活動・福祉活動・公共活動等に関わることも地域づくり活動として位置づけることができる。それらの活動を通じ、子どもたちが何らかの方法で地域住民に関わり、地域の中で意義のある活動が生まれて地域全体が活性化していく。このように、地域の人材が園学校支援パートナーとして子どもたちの活動に関わることが地域づくりにつながる。

　一方で、地域で生活をしている子どもや、仮に何らかの理由において児童福祉施設等で生活することになったとしても、子どもの養育を一貫して支えるシステムを形成し、子どもの人生を繋いでいく支援が社会的養護に携わる者には求められる。また、家庭・家族が子育ての役割を担えなくなってからの支援ではなく、家族生活を継続するための社会的ケアが必要であるため、問題が起こっ

てから対応するのではなく、あらかじめ発生を想定しつつ、未然に予防、あるいは問題が発生した初期に、家庭・家族のニーズに適切に対応できるようなシステム作りが求められるため、福祉の枠を超えた地域ネットワークシステムの構築が必要である。

おわりに

　子育てとは、子どもに限りない愛情を注ぎながらその存在に感謝し、日々成長する子どもの姿に感動しながら保護者として成長していくという大きな喜びや生きがいをもたらす営みといえる。実際に子どもの成長が感じられたときや子どもの笑顔を見たときなどは、特に喜びを感じるなど、自身の子育てに満足している保護者もいる。こうした子育ての喜びや生きがいは、園学校と家庭、地域住民との交流や支え合いがあってこそ実感できるものである。しかし、核家族化の進行や地域における地縁的なつながりの希薄化などを背景に我が子を自らの手で育てたいと思っているにもかかわらず、子どもにどのように関わっていけば良いかわからず悩み、孤立感を募らせ情緒が不安定になっている保護者も増えている。こうした保護者が安心して子育てができ、園学校と家庭・地域が一体となって地域ぐるみで子どもたちを育てる体制が今まで以上に発展していくことを願っている。

| 演習問題 |

　1．園学校間の連携について考えてみよう。
　2．園学校と家庭、地域住民の連携について考えてみよう。
　3．子どもたちが育つ地域社会とはどのようなものであるか考えてみよう。

注

1）日本教育方法学会『教育方法学事典』図書文化出版、2004年、145頁。
2）新保真紀子著『「小１プロブレム」に挑戦する──子どもたちにラブレターを書こう──』明治図書出版、2001年、14頁。
3）岡崎友典著『家庭・学校と地域社会──地域教育社会学──』大蔵省印刷局、2000年、84頁。
4）『保育所保育指針（平成29年告示）』フレーベル館、2017年、31頁。
5）『幼稚園教育要領（平成29年告示）』フレーベル館、2017年、12頁。

6）『小学校学習指導要領（平成29年告示)』東洋館出版社、2018年、26頁。

7）志水宏吉著『学力を育てる』岩波書店、2005年、224頁。

8）玉井康之「総合的な学習活動と地域コミュニティ」玉井康之・夏秋英房編『地域コミュ
ニティと教育』放送大学教育振興会、2018年、99頁。

参 考 文 献

伊藤良高編『教育と福祉の課題』晃洋書房、2014年。

伊藤良高・宮﨑由紀子・香﨑智郁代・橋本一雄編『保育・幼児教育のフロンティア』晃洋
書房、2018年。

伊藤良高・伊藤美佳子編『乳児保育のフロンティア』晃洋書房、2018年。

第9章 子ども・若者の心身の発達と学習の過程

はじめに

　子どもや若者は個人差がありつつ、一定の発達段階を経て成長していく。児童期は比較的穏やかな発達の時期であるため、小学校段階においてじっくりと学習習慣を身につける。思春期には、身体的には第二次性徴があり、心理的には親からの心理的離乳がある。学校段階でいえば主に中学校となるが、これも発達の早い子どもは小学校高学年頃に節目を迎えるし、発達がゆっくりの若者は高校生になってから節目を迎える。青年期は先進諸国において期間が後方に延びつつあり、就職して社会人となることが１つの節目となる。こうした個人差や全体の発達段階の目安と、学習過程とは相互に関連している。本章では児童期、思春期、青年期の３つの時期に分け、発達と学習の問題について論じていく。

１　児童期の発達と学習

　児童期は小学校段階とほぼ重なるが、この時期は身体的成長だけでなく、知的・心理的成長も大きくみられる時期である。６歳から12歳までの間に、子どもの身長は平均して40cm 以上伸び、体重も２倍以上になる。こうした身体的発達について、近年では先進国を中心として発達加速現象の指摘もある。

　また、子どもは徐々に親よりも友達との仲間関係を重視するようになり、４〜５人の主に同性からなるグループを形成することが多い。これを「ギャンググループ」といい、この時期を「ギャングエイジ」と呼ぶ。ハリスは、親の育児が子どもの生涯にわたって重要な影響を及ぼすという「育児神話」には問題があり、幼児期以降は、親よりもむしろ仲間関係による育ちへの影響の大きさを多くの実証的知見から指摘している。仲間との密接な関りをもつことで、

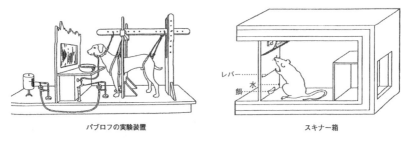

パブロフの実験装置　　　　　　　　　　　　　　　スキナー箱

図9−1　　2つの条件づけの仕組み

出典：高村和代・安藤史高・小平英志『保育のためのやさしい教育心理学』ナカニシヤ出版、2009年、18−20頁。

基本的な社会生活上のルールを学び、親からの心理的な自立のきっかけにもなる。

　社会の中で生きていくために必要な規則に沿った行動ができるようになるためには、一定の道徳性を身につける必要がある。道徳性の発達理論を唱えたコールバーグによれば、第1段階は前慣習的段階であり、この時期は権力に服従するステージⅠから、ほうびをもらえる場合に言うことを聞くステージⅡに進んでいくとする。第2段階は慣習的段階であり、いわゆる「よい子」であろうとするような周りの人たちに喜ばれることがよい行動だとするステージⅢから、法律や秩序、権威を尊重するステージⅣに進むとする。最後の第3段階は脱慣習的段階であり、規則を絶対視するのではなく、正当な理由があれば、それに代わる方法を主張するステージⅤから、正義、尊厳、平等を重視するステージⅥに進み、それが最高の状態であるとされる。

　小学校3〜4年生頃になると、急に算数も難しくなり、授業についていけない子どもも出てくる。この時期の子どもたちが直面する学習面での問題のことを「9歳の壁」という。学校生活の中ではバンデューラが提唱した観察学習も頻繁に行われる。同じクラスメイトの模倣をして、よい面でも悪い面でも影響を受ける。心理学でいう学習とは、ある行動が比較的永続的に身につくことをいうが、その基礎となるメカニズムは2つの条件づけと呼ばれる現象である。図9−1の左の図のイヌはベルトで固定されて動くことができない状況にある。古典的条件づけは、ロシアの生理学者パブロフによる有名な犬による実験が元になっており、受動的な状況の中で特定の反応を身につけることを指す。もう1つは図9−1の右の図の実験用のネズミ（ラットという）は、手前がガラ

ス張りになっている箱の中に入れられて自由に動き回ることができる。これはアメリカの心理学者スキナーによるスキナーボックスと呼ばれる箱を使った実験用ネズミの実験で、能動的な状況で特定の反応を習得することをいう。学校における学習は、本来子どもたちにとって解答できなかったことを解答できるようにする訓練の一種と考えることもできるため、学習心理学の理論を踏まえた授業デザインを行うことは教育の方向を工夫する上で一定の意義がある。

2　思春期の発達と学習

青年期のうち特に前期を「思春期」というが、小学校高学年から中学生段階にかけての時期である。身体的には第二次性徴が生じ、男子と女子で性ホルモンの影響によってそれぞれ身体的変化が起きていく。それに伴って思春期の生徒は、社会や周囲が性に期待する行動や態度をいう「性役割期待[6)]」と向き合うことになる。親子関係では第二次反抗期がみられるようになり、これは親からの自立の準備や心理的離乳の特徴としてむしろ望ましいものと考えることができる。友人関係は親密さを増し、恋愛感情をもつ生徒も多くなる。

学習面での大きな変化は、小学校まではなかった成績による順位づけが中学

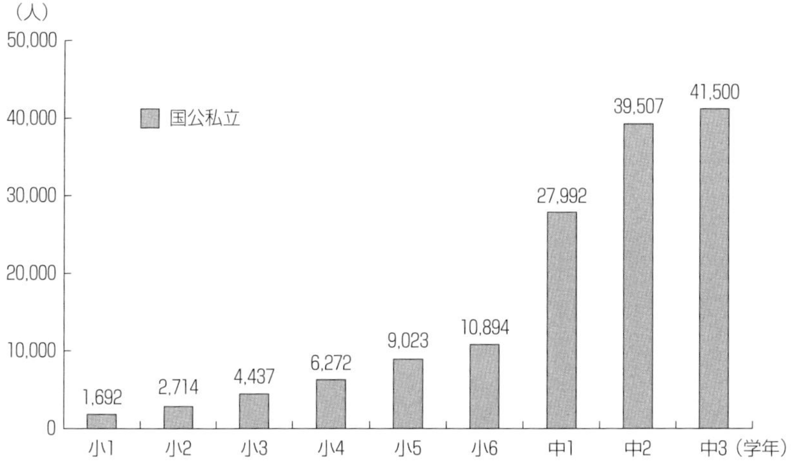

図９－２　学年別不登校児童生徒数

出典：文部科学省「平成29年度　児童生徒の問題行動・不登校等生徒指導上の諸課題に関する調査結果について」。

校になって始まることが大きい。塾などに通うことで学習が進む生徒がいる一方で、本人の資質や経済的余裕がない家庭環境のため学習が遅れる生徒が出てきて、学力面での格差が生まれる時期である。図9-2に示すように、学校での不適応状態を示す指標として不登校生徒の数をみると、中1から中3にかけて不登校生徒の数は増加していく。[7] 高校進学率が9割を超える現状にあって、生徒たちは高校受験や進路というライフイベントの前にさまざまな悩みを抱えやすいといえよう。

　この時期は、それまでの児童期が比較的穏やかであったのに対し、「疾風怒濤（しっぷうどとう）」と形容されるような激しい動揺のなかを成長していく子どもたちも多い。1つの理由として、第二次性徴による性的成熟と心理的な成長とが折り合わず、同時に同級生と自分を比較する中で劣等感を強く感じたり、さまざまな心理的葛藤を抱えやすいことが挙げられる。一般に主観的なボディイメージ（自分の身体をどのようにとらえているか）とのズレに起因し、テレビやマスメディア等により過剰に「やせ願望」が強められることによって思春期女子に比較的多い摂食障害は、そうした子どもたちの悩みを映していると考えられる。

3　青年期の発達と学習

　青年期は思春期を除くとおおむね高校・大学にあたる期間を指す。この時期は非常に期間が延び、モラトリアム化しているという指摘がある。エリクソンの漸成発達理論（ぜんせい）によれば、[8] 青年期はアイデンティティの達成によって一応の終焉を迎え、社会人としての成人期に進むことになる。したがって、若者のライフイベントでいえば就職することが青年期の終わりを意味する。しかしながら、大学進学率が5割を超え、子どもを養育する経済的余裕がある親が少なくない中で、大学を卒業した後も就職せず、実家で生活する若者も少なくない。彼らはニート（無業者）とか、「パラサイト・シングル」[9] とか、時代に応じてさまざまな呼び方がなされている。[10] 青年期の心理的な発達課題で最も重要なのはアイデンティティの達成であることは明らかであるが、それは時代とともにさまざまな影響を受けていることも確かであろう。

　進学する高校生は大学受験というライフイベントが控えている。ここでも志望する大学の偏差値と、必要な学費の2つの条件を踏まえて進学先を選ぶことが求められる。高校生の中には、将来就きたい職業や資格を意識した進路選び

をする場合もあるが、例えば医師のように学費の安い国公立大学であれば高い学力が求められる一方で、学費が高い私立大学は国公立大学ほどの高い学力が求められないため、裕福な家庭の生徒しか進学できない現実がある。経済的状況によっては大学進学そのものをあきらめて働くケースも少なくない。東京大学の学生の約6割で世帯年収が950万円以上[11]というデータからは、学費の安い国公立大学であっても、それまでに多くの教育投資が可能な家庭の生徒でなければ入学できない格差の問題を浮き彫りにしている。こうした状況の中で若者たちは自らの進路の可能性を探りながら、進学に向けた学習を行っている。経済的困窮のために有為な若者が高等教育を受ける機会を失うことがないよう、国による給付型奨学金等のさらなる拡充や、多くの大企業による奨学基金の設立などを後押しする積極的な施策が必要である。

おわりに

　これまで子どもや若者の発達の様相と学習過程について概観してきた。心理学分野ではたくさんの発達理論があり、教育実践の参考になるものは多い。しかし発達と学習の関係を考えるとき、必ずしもそれだけで子どもや若者の成長や学習の成果が決まる訳でない。彼らを取り巻く環境要因が大きく影響するからである。日本社会において経済的格差が拡大する中で、小学校、中学校、高校、大学といった各学校段階においては、彼らが向き合う発達課題や学力だけでなく、家庭環境などの環境要因を考慮した教育指導のあり方がますます必要になっているといえよう。

　　演習問題
　1）児童期には仲間関係で子どもたちはどのようなルールを学ぶか話し合ってみよう。
　2）思春期の第二次性徴は子どもたちにどのような心理的影響があると思うか考えてみよう。
　3）青年期において親から自立することの意味についてまとめてみよう。

注
　1）生殖能力などを獲得して生殖器の形態以外の性差が大きくなる時期である。
　2）児童臨床家のホリングワース（Hollingworth, L.）は、両親への依存から脱して1人の人間として自我を確立しようとする心の動きを「心理的離乳」とした。

３）身体発達や性的成熟などにおける発達の増大や早期化をいう。

４）ジュディス・リッチ・ハリス（石田理恵訳）『子育ての大誤解〔新版〕——重要なのは親じゃない——〔上〕』早川書房、2017年、286-350頁。

５）マーヴィン・D・ガースト「観察学習における象徴的コーディング過程」、アルバート・バンデューラ編（原野広太郎・福島脩美共訳）『モデリングの心理学——観察学習の理論と方法——』金子書房、1976年、99-121頁。

６）ジェンダー論では、生物学的な性別をセックス、社会的性差をジェンダーと呼んで区別し、後者を性別役割期待と関連するものと考える。

７）文部科学省「平成29年度　児童生徒の問題行動・不登校等生徒指導上の諸課題に関する調査結果について」

８）エリク・H・エリクソン（小此木啓吾訳編）『自我同一性——アイデンティティとライフサイクル——』西晋書房、1982年、111-118頁。

９）山田昌弘『パラサイト・シングルの時代』筑摩書房、1999年、11-12頁。

10）注意すべきなのは、女性の多くが家事手伝いと称して実家で生活する場合は、就職していないことに社会的批判のニュアンスが大きくはない点である。

11）東京大学「2018年学生生活実態調査報告書」2018年。

参 考 文 献

青砥恭『ドキュメント高校中退——いま、貧困がうまれる場所——』筑摩書房、2009年。

秋山千佳『ルポ保健室——子どもの貧困・虐待・性のリアル——』朝日新聞出版、2016年。

笠原嘉『青年期——精神病理学から——』中央公論社、1977年。

コラム12

▶特別な配慮を必要とする子ども・若者の学びへの支援

特別な配慮を必要とする子ども・若者の学びへの支援の必要性

「将来何になりたいの？」といった質問を大人が子どもに投げかける日常シーンをよく目にする。こうした問いの意図とは、子どもが将来、どのような職業に就きたいのかということを尋ねるものである。おそらく、大人たちは頭の中のどこかに、子どもが幸せな人生をつかむためには、どのような人間へ成長するのかということより、どのような仕事につけるのかという考え方が働いているのではないだろうか。

　もちろん、自分が希望する職業に就くことができたからといって決して幸福が保障されるわけではない。もし、子どもたちが将来、希望する職業に就くことができるかどうか、この一点で学校の勉強や習い事、その他活動を通じて得られる学びを強いられているのだとすれば、それはあまりにも窮屈である。なぜなら、子どもが残された長い人生を豊かに、そして幸せにおくれるようになるには、自分の希望する職業にありつける人間に成長することが大切なのではなく、どのような職業に就いたとしても、自分のことを肯定し得る、高い自己肯定感が維持されていくことが大切と考えるからである。

　子どもたちの高い自己肯定感を維持するためには、いったい何が必要となるのか。そのための必要十分条件を挙げることは難しいが、少なくとも、さまざまな活動の機会を通して得られる学びの機会と人の支えが必要となる。

　子どもにとってのさまざまな活動とは、子どもが「楽しい」「おもしろい」という感情を伴う活動はもちろん、それとは反対の自分が「辛い」「苦しい」という感情を伴う活動のどちらでもある。子どもたちはこうした活動から周囲に認められ自信をつける経験をしたり、失敗しても周囲から支えてもらう経験をすることで、多くの学びを経験し、自己肯定感を育んでいくのである。ところが、子どもの人生を豊かにするために大切となる活動の機会に制限を加えたり、活動そのものを奪い取ろうとする問題が存在する。それが虐待や貧困、そして発達障がいや外国人にルーツをもつ子どもに対する周囲の適切な理解の不足といった問題である。

　このコラムでは、主にこうした問題に直面する子どもへの学びの支援ついて紹介していく。

子どもたちの学びの機会を阻害する諸問題と学びへの支援

　子どもたちの学びの機会を阻害する諸問題として虐待問題や貧困問題をとりあげてみたい。まず虐待問題に直面する子どもたちへの学びの支援についてみていく。虐待は子どもが学ぶ機会を制限あるいはそれを奪う典型的な問題である。神奈川公式ホームページによると、虐待が子どもに与えるさまざまな影響が公表されている。ケガをはじめ、やけど、骨折、ひどい場合は重度の後遺症、知的発達の遅れなど、身体・知能面への影響、感情・精神面では、自己評価が低く、自信をもてない、人の顔色をうかがう、おびえた表情をみせる、さらには発達障害を発症させるリスクまで報告されている。こうした報告を見る限り、子どもたちが活動を通して学ぶという機会に影響を及ぼすことは必至である。そして何より、児童虐待という問題は事後の対応では遅く、いかに虐待を発生させないかという予防の視点を持つことが大切である。

　文部科学省が公表する「児童虐待に関わる施策について」の内容を確認してみると、やはり未然防止・早期対応の観点からの家庭教育支援の推進が施策の柱のひとつにされている。具体的な取り組みの内容については、地域人材を活用した「家庭教育支援チーム」の取り組みの推進が掲げられている。なお、「家庭教育支援チーム」とは子育て経験者をはじめとする地域の人材を活用して、保護者への学びの場の提供等、地域の実情に応じた多様な支援を行う体制のことである。すなわち、子どもが安心かつ安定した学びを保障するためには、保護者が子どもや関わり方について学ぶ機会を設けたり、子育て支援が重要になるという考え方が表れている。

　また、訪問型家庭教育支援における取り組みもある。これは、児童虐待予防が強く打ち出されているアウトリーチ型の取り組みである。具体的には生活上の問題を抱え孤立しがちな家庭に対し、訪問型家庭教育支援を行っていく。2015年度に訪問型家庭教育支援の関係者のための手引きが作成され、2016年度よりモデル事業が始まっている（2017年度：6府県17市町）。訪問型家庭教育支援がモデル事業として開始されている背景には保護者を学びの場や地域とのつながりの場につなぎ、保護者の教育力を高めることを重視しながら、貧困、不登校等のさまざまな課題を抱えた家庭に対する類型別の効果的な支援モデルを開発するという目的が存在する。

　貧困問題に直面する子どもたちへの学びの支援についても、取り組みの現状を多少紹介しておきたい。文部科学省では、学校をプラットフォームとした総合的な対応を掲げている。学校をプラットフォームとして、家庭問題への早期対応、

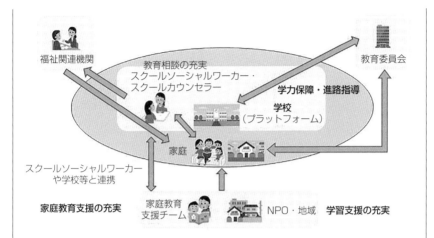

図 1　学校をプラットフォームとした子どもの学習支援対策

出典：文部科学省ＨＰ「子供の貧困対策の推進（教育の支援を必要とする方へ）」(https://www.mext.go.jp/a_menu/shougai/kodomo-hinkontaisaku/1369105.htm　2020年 7 月25日確認)。

福祉サービス等へ橋渡し、きめ細かな授業の推進による学校での学力保障や地域での学習支援などの支援を受けることを目指している。その体制のイメージ図が図 1 である。

　　特別な配慮を必要とする子ども・若者の学びがより一層充実するために

　ここまで述べてきたように、子ども・若者が人生をより豊かに、幸せにおくれるようになるには、さまざまな活動を通じ学ぶ機会が保障され、自己肯定感の維持を可能にする環境が求められる。児童虐待や貧困をはじめ子どもたちの学びの機会を阻害する諸問題に対しては、迅速な対応が求められることになるわけだが、ここまでに示す一連の子どもたちへの学びの支援に向けた取り組みをみると、そこに共通して大切にされている考え方がある。それはいかにして子どもたちの学びを止めないかという予防の視点である。子どもたちの学び、そこから健やかな育ちを形成していくにあたって、影響を及ぼす諸問題には適切に対応するという考え方に比重がおかれるのではなく、そもそもこうした問題に子どもたちを直面させない予防を徹底する取り組みが期待される。

注

1）神奈川県ホームページ「虐待による子どもへの影響」（http://www.pref. kanagawa.jp/docs/he 8 /cnt/f533519/p976861.html　2020年 7 月25日確認）。

2）文部科学省「児童虐待に関わる施策について」PDF 資料 （http://katei.mext. go.jp/contents 7 /pdf/gyakutai_sisaku.pdf#search=%27%E 3 %80% 8 C% E 5 %85%90%E 7 %AB%A 5 %E 8 %99%90%E 5 %BE%85%E 3 %81%AB%E 9 %96%A 2 %E 3 %82% 8 F%E 3 %82% 8 B%E 6 %96%BD%E 7 %AD%96%E 3 %81%AB%E 3 %81%A 4 %E 3 %81%84%E 3 %81%A 6 %E 3 %80% 8 D%27 2020年 8 月20日確認）。

3）アウトリーチには、援助者側から援助対象者の居る場所に出向いて積極的に支援を届けようとする意味がある。

4）文部科学省ホームページ「子供の貧困対策の推進（教育の支援を必要とする方へ）」（https://www.mext.go.jp/a_menu/shougai/kodomo-hinkontaisaku/1369105. htm　2020年 8 月20日確認）。

第10章　教育課程の意義と編成の方法

はじめに

　教育課程とは、「学校教育の目的や目標を達成するために、教育の内容を生徒の心身の発達に応じ、授業時数との関連において総合的に組織した学校の教育計画である¹⁾」と文部科学省による著作物では定義されている。

　学校で教えられる具体的な教育内容を決定するのは、国なのか、教育委員会なのか、教員なのか、生徒なのか、保護者なのか。そのいずれも単独で教育内容を決定する立場にはない。国は法律を定めて教育目的・目標を定める。文部科学省は省令を出して法律より細部を定め、また学校教育法施行規則（省令）の委任を受けて学習指導要領を定める。それは最高裁判所の判例上法規としての性質を持つとされる。教育委員会規則が教育課程にかかわるルールを定めることもある。教員には、子どもに日常から相対していて理解しているものとして一定の範囲の「教育の自由」があり、それは専門家としての信頼をうけて職務を行うゆえのことである。

　教育課程基準などをもとに、教育課程の編成にあたるのは各学校である。

1　学習指導要領の改訂と授業時数

　学習指導要領が初めて出されたのは1947年であるが、その後大きな改訂は小学校の場合、1951年、1958年、1968年、1977年、1989年、1998年、2008年そして2017年と、ほぼ10年おきに改訂されている。1958年以降の学習指導要領が定めている授業時数（小・中学校）を表にすると、**表10-1**の通りとなる。

　1958年改訂はそれまでの経験主義的な教育から系統主義へと方向転換を行った。1968年改訂では教育内容のより高度化が目指された。それに対して1979年改訂は「ゆとりのある充実した学校生活」がいわれた時期であったが、小学6

表10-1　学習指導要領が規定する小・中学校年間授業時数

年	小1	小2	小3	小4	小5	小6	中1	中2	中3
1958	816	875	945	1015	1085	1085	1120	1120	1120
1968	816	875	945	1015	1085	1085	1190	1190	1155
1979	850	910	980	1015	1015	1015	1050	1050	1050
1989	850	910	980	1015	1015	1015	1050	1050	1050
1998	782	840	910	945	945	945	980	980	980
2008	850	910	945	980	980	980	1015	1015	1015
2017	850	910	980	1015	1015	1015	1015	1015	1015

出典：筆者作成。

年生以上は授業時数減を行っている。1989年改訂では授業時数の改訂を行ってはいない。この時期に「関心・意欲・態度」重視の「新しい学力観」が強調された。

　1998年版学習指導要領は「ゆとり教育」と批判にさらされた。「学校5日制」となり、さらに「総合的な学習の時間」の導入もあって教科の時間は削減された。教える内容が減らされ授業時数も減らされたので、1時間あたりに進む分量はほぼかわっていない。

　その次の2008年版では学校5日制は維持しつつ小学校低学年を中心に授業時間数が増やされた。現行の2017年度版は小学校3・4年生に「外国語活動」（週1時間）、小学校5・6年生に「外国語」（週2時間）の時間が設置されたことにより、その時数分のみ小学3～6年で授業時数が増やされ、他は変わっていない。

　英語関係の授業時数の改訂に応じて、義務教育の段階で学ぶ英語の語彙は、小学校で学習する600～700語に加え、現行の「1200語程度」の語から五つの領域別の目標を達成するための言語活動に必要な「1600～1800語程度」の語[2]となった。「高校卒業レベル」では、それまで3000語だったのが4000～5000語となることが想定されている[3]。これから、小中高における英語教育が大きく変わることが予定されている。

2　2017年版学習指導要領改訂の動向とその基本方針

　2017年版学習指導要領に関しては、それより前に文部科学大臣の諮問により、中央教育審議会が「幼稚園、小学校、中学校、高等学校及び特別支援学校

の学習指導要領等の改善及び必要な方策等について」という答申を2016年12月に出した。そこで「基本的な方向性」が打ち出され、2017年2月15日に「学習指導要領案」（以下「案」）が文部科学省によって示された。「案」についてはパブリックコメント（2005年の行政手続法改正により、意見公募手続が定められた。1か月の間に国民から意見を募る）が実施された。[4]「案」において小学校社会科で「聖徳太子（厩戸王）」、中学校社会科で「厩戸王（聖徳太子）」と表記されていたことにかかわっての意見が全11210件の意見のうち半数を占めた。それに関しては国会においても、2017年3月8日には衆議院文教科学委員会で反対する議員[5]の発言があった。その後、2017年7月に公表された学習指導要領では小学校で「聖徳太子」、中学校では「聖徳太子」を取り上げる際は「古事記や日本書紀においては『厩戸皇子』などと表記され、後に『聖徳太子』と称されるようになったことに触れること」[6]となった。後に作成された検定をへた教科書では小学校ではすべて「聖徳太子」の表記、中学校では「聖徳太子（厩戸皇子）」とするものが5社、「聖徳太子（厩戸王）」とするものが1社、「厩戸皇子（のちに聖徳太子とよばれる）」とするものが1社である。

　次いで、パブリックコメントで意見がついたのは、LGBTなど性的少数者の問題である。例えば、小学校体育科（第3・4学年）で「異性への関心が芽生えること」[7]とあるのが、性的少数者に対する軽視（異性に関心をもたない児童もありうる）、ともとられかねないという意見が多くついた。しかし、この点に関しては記述を改めることにはならなかった。パブリックコメントの前後では変更された力所は、小学校学習指導要領で77か所あるが、その多くは実質的な変更とはいえない。しかし、上記の「聖徳太子」の件のように学習指導要領策定の後につくられる教科書に影響のある変更もなされるようになった。教科書検定基準（義務教育、高校）には、学習指導要領の「内容」、「内容の取り扱い」に「示す事項を不足なく取り上げていること」と明記されている。教科書に学習指導要領が定める方針などが反映されることは、明らかである。

　およそ、学習指導要領は科学的（学問的）真理と子どもの発達段階に応じた教育的配慮をもとに書かれるべきものであり、国家（国会）における政治的介入がふさわしいかという問題がある。その点に関しては、1976年の学テ最高裁判決も教育は「党派的な政治的観念や利害によって支配されるべきでない」と述べ、「教育内容に対する……国家的介入についてはできるだけ抑制的であることが要請される」[8]と指摘していることに気を付けなければならない。

　2017年学習指導要領は、これまでの改訂状況に大きく方針転換を迫るもので
はない。約10年に一度おこなわれる日本の学習指導要領で強調されることは、
ずっと同じ傾向が続いている（ところがある）。例をあげると、「確かな学力、豊
かな心、健やかな身体」（知・徳・体のバランス）、「思考力・判断力・表現力」の
重視、「個性を生かす」、「各学校の特色を生かして創意工夫」などは改訂ごとに
言われてきている。

　2017年版学習指導要領解説（総則編）は、「総則改正の要点」[9]としてはまず、「資
質・能力の育成を目指す『主体的・対話的で深い学び』」を挙げている。

　資質・能力を「知識及び技能」、「思考力、判断力、表現力等」、「学びに向か
う力、人間性等」にわけて、それらがバランスよく育まれることを強調してい
る。通常この３つは「学力の三要素」といわれ、学校教育法施行規則第30条第
２項の内容とほぼ一致する。どのような資質・能力を育成するべきか、という
ことが明確化されている。

　一例として、中学校保健体育科の「目標」は以下の通りの記述である。[10]

体育や保健の見方・考え方を働かせ、課題を発見し、合理的な解決に
向けた学習過程を通して、心と体を一体としてとらえ、生涯にわたっ
て心身の健康を保持増進し豊かなスポーツライフを実現するための資
質・能力を次のとおり育成することをめざす。

(1)　各種の運動の特性に応じた技能等および個人生活における健康・
　　安全について理解するとともに、基本的な技能を身に付けるよう
　　にする。

(2)　運動や健康についての自他の課題を発見し、合理的な解決に向け
　　て思考し判断するとともに、他者に伝える力を養う。

(3)　生涯にわたって運動に親しむとともに健康の保持増進と体力の向
　　上を目指し、明るく豊かな生活を営む態度を養う。

---

　(1)(2)(3)がそれぞれ、「知識及び技能」、「思考力、判断力、表現力等」、「学びに
向かう力、人間性等」に対応するといえる。

　教科全体の「目標」だけでなく、「内容」の分野ごとをみると、例えば中学
数学の「一元一次方程式」では以下の通りの規定がある。[11]

> ア　次のような知識および技能を身に付けること。
>> ア　方程式の必要性と意味および方程式の中の文字や解の意味を理解すること。
>> イ　簡単な一元一次方程式を解くこと。
> イ　次のような思考力、判断力、表現力等を身に付けること。
>> ア　等式の性質をもとにして、一元一次方程式を解く方法を考察し表現すること。
>> イ　一元一次方程式を具体的な場面で活用すること。

　教科によって言い方が若干異なるところがあるが、概ね習得すべき「知識・技能」および「思考力、判断力、表現力等」を明記するようになった。「何を理解しているか、何ができるか」だけでなく「理解していることを・できることをどう使うか」も明確化され、さらに「どのような社会・世界とかかわり、よりよい人生を送るか」に関係することも明記されるようになった。

　なお、2019年に文部科学省は指導要録の「参考様式」を改訂しているが、各教科の評定は「知識・技能」、「思考・判断・表現」、「主体的に学習に取り組む態度」の３分野にわけて「観点別評価」を行うことに改められた。

　知識の理解の質を高め、資質・能力をはぐくむ方法として「主体的・対話的で深い学び」、さらに生涯にわたって能動的（アクティブ）に学びつづけることが強調されるようになった。

　学習指導要領解説は、2014年の中央教育審議会答申から引用をして、「学ぶことに興味や関心を持ち、自己のキャリア形成の方向性と関連付けながら、見通しを持って粘り強く取り組み、自己の学習活動を振り返って次につなげる『主体的な学び』」、「子供同士の協働、教師や地域の人との対話、先哲の考え方を手掛かりに考えること等を通じ、自らの考えを広げ深める『対話的な学び』」、「習得・活用・探究の見通しの中で、教科等の特質に応じた見方や考え方を働かせて思考・判断・表現し、学習内容の深い理解につなげる『深い学び』[12]」の実現できているか、という視点を求めている。

３　教育課程編成の方法

1　教育課程の編成

　学習指導要領は、「各学校においては、教育基本法及び学校教育法その他の法令……に従い、生徒の人間として調和のとれた育成を目指し、生徒の心身の発達段階や特性及び地域の実態を十分考慮して、適切な教育課程を編成するもの」と述べている。学校教育法第37条第４項に「校長は、校務をつかさどり、所属職員を監督する。」とあることから、教育課程の編成の責任者は校長であるとされる。

　それでは、各学校で教育課程を編成するために、どのような事項を決定することが必要と考えられるか。各学校の裁量に任されることとしては、「教育目標の策定」、「重点をおくべき指導内容の決定」、「学期、月、週ごとの授業時数の決定、行事の日程」、「総合的な学習（探究）の時間の指導内容」、「学校・学年全体を通して行う指導（運動会、文化祭、遠足・修学旅行など）の内容」などが挙げられよう。特に高校の場合は、どの学年にどの科目（必修・選択）をおくか、あるいは学校設定教科・科目を作ることを学校で決めることが求められる。さらに、学校内に学科やコースを設定することもでき、法律・省令・学習指導要領の範囲内においても広範な裁量権がある。

　2017年の学習指導要領改訂では、「カリキュラム・マネジメントの充実」が強調されている。校長・教頭などの管理職のみならず各教員は自分が担任する教科にだけ注目するのではなく、教科横断的な観点をもち各学校での組織的な対応をする一員となることが求められている。

2　高校の多様化

　「個性に応じる教育」、「特色ある学校づくり」は近年、強調され続けているところである。その影響の１つとしてここでは、「高校の多様化」を取り上げる。都道府県によっても異なるが、高校の学科名やコース、類の名称などが多様化する傾向がある。そのような動向をうけて、それぞれの高校が自分のうちだす特色に応じた教育課程編成を行う必要性が生じている。高校入試については、都道府県内の学区は拡大あるいは撤廃される傾向にある。中学教員にとっては進路指導の際に生徒が受験する高校の選択肢が増えることを意味する。高校教

員にとっては「個性に応じる教育」がより一層求められることになる。

　大阪府の例を挙げると、かつて大阪府を 4 つに分けていた高校入試の学区は2014年度から撤廃されている。全日制普通科の高校もなかに専門コース（理数・英語・芸術・体育・保育・コミュニケーションなど）を設けている学校がある。専門高校にも文理学科、国際文化科、国際教養科、グローバル科、グローバル探究科、総合科学科、演劇科、食物文化科、芸術文化科、体育科、工業科、サイエンス創造科、マネジメント創造科、商業科、福祉ボランティア科、ハイテク農芸科、食品加工科、資源動物科、などさまざまな名称の学科がある。

　総合学科は文字どおり総合的な学習が可能となるが、さらに系列に分かれている。例えば、1 つの高校に「農と自然」、「工業デザイン」、「情報」、「福祉・保育」、「分離」、「スポーツ健康科学」、「地域文化」の 7 系列がおかれている。さらに、エンパワーメントスクールと呼ばれる学校は 8 校ある。授業時間を30分とし、「つまずいたところを徹底的に学ぶ」、「社会人基礎力を身に着ける」ことをめざしている。クリエイティブスクールと呼ばれる、学ぶ時間帯が選ぶことができ、多様な選択科目が設置されている学校もある。

　多様な高校が設置されているなか、各学校で自分たちの定める方針に基づいた教育課程編成が求められることはいうまでもない。中学での進路指導にあたっては、情報の収集などに努める必要が高まり、高校ではそれぞれの方針に応じた教育が求められることになる。

　「個性に応じる教育」のために高校の多様化が必要であるという見解と、自分の個性に合致する高校を見つけることはそもそも不可能に近い、という見解がある。いずれにせよ、「学ぶことと自己の将来とのつながりを見通しながら」の教育、進路指導が求められている。

おわりに

　本章で扱うことができたのは、教育課程にかかわる議論のわずかな一面に過ぎない。他にも存在する多くの問題については、これからの学習に期待したい。いすれにせよ新たな学習指導要領が今後の教育現場に影響を与えて行くことは間違いない。よりよい方向で運用されていくように、これからの動向に注目していくほかはない。

演習問題

1．2017年版学習指導要領の「良いところ」、「良くないところ」について各自で考えてみよう。

2．自分が免許取得を考えている校種・教科の学習指導要領について、データベース（http：//www.nier.go.jp/guideline/）を使用して、過去の学習指導要領と、2017年版学習指導要領を比べてみよう。

3．自分の住んでいる県などで、「高校の多様化」の状況を調べてみよう。

注

1）『中学校学習指導要領解説（平成29年告示）総則編』東山書房、2018年、11頁.

2）『中学校学習指導要領（平成29年告示）解説外国語編』2018年、9頁。

3）http://www.kyokyo-u.ac.jp/eibun/andrew/classes/wecan.pdf （2020年9月1日確認）

4）なお、前回の改訂時には、2008年2月の「学習指導要領案」と同3月の「学習指導要領」とでは、ほとんど実質的な記述変更はなかった。『小学校学習指導要領案』、『小学校学習指導要領』、『中学校学習指導要領案』『中学校学習指導要領』（いずれも、文部科学省、2008年）参照。

5）http://www.shugiin.go.jp/internet/itdb_kaigiroku.nsf/html/kaigiroku/009619320170308003.htm　2020年8月8日確認。

6）『中学校学習指導要領（平成29年告示）』東山書房、2018年、55頁。

7）『小学校学習指導要領（平成29年告示）』東洋館出版社、2018年148頁。

8）最高裁判所、昭和51年5月21日（刑集　第30巻5号615頁、Web上で2020年9月2日最終確認）

9）『小学校学習指導要領解説（平成29年告示）総則編』東洋館出版社、2018年、7頁、『中学校学習指導要領解説（平成29年告示）総則編』東山書房、2018年、7頁。

10）『中学校学習指導要領（平成29年告示）』東山書房、2018年、115頁。

11）前掲書、66頁。

12）『中学校学習指導要領解説（平成29年告示）総則編』東山書房、2018年、78頁。

参 考 文 献

大津尚志・伊藤良高編『教育課程論のフロンティア』晃洋書房、2018年。

合田哲雄『学習指導要領の読み方・活かし方』教育開発研究所、2019年。

水原克敏・髙田文子・遠藤宏美・八木美保子『新訂　学習指導要領は国民形成の設計書』東北大学出版会、2018年。

第11章 諸外国における教育と教職をめぐる動向

Ⅰ アメリカ

1 州ごとに定められる教育内容と教員資格

アメリカでは、合衆国憲法修正第10条の規定により、教育事項は各州の権限である。学校教育制度および就学前教育の基準は州ごとに定められ、その実質的な管理運営は各学区の教育委員会を中心に行われている[1]。連邦政府には教育省（United States Department of Education）や保健福祉省（United States Department of Health and Human Services）があるが、各州への直接的な介入はしないで、調査・統計・助言・支援等を主要な任務としている。これが、アメリカの教育行政が地方分権的であると言われるゆえんである。もっとも近年は、以下に見るように、中央集権化が進められてきているが、それでもこの基本構造は維持されている。

教育内容や教員資格についても、全国的に統一された法令や基準が存在しない。教育内容や教員養成の基準を決めるのは州の教育委員会である。教員養成プログラムや教員免許取得要件は州によって異なるため、教員免許は原則として取得した州内でのみ有効である。他の州で教職に就く場合は、改めてその州の教員資格を申請・取得する必要がある。

多くの州に共通する初等・中等教育の教員免許取得の条件は、① 学士以上の学位を取得すること、② 大学等で開講される州認可の教員養成プログラムを修了すること、③ 州が指定する教員資格認定試験で合格基準を満たすこと[2]、④ インターンシップや教育実習の教職経験があること、である[3]。

2 各州共通基礎スタンダードと各州の教育への影響

1983年発表のアメリカ教育省長官の諮問機関による報告書『危機に立つ国家』を契機として、スタンダード（教育目標）とアカウンタビリティ（結果・成果）を

標榜する教育改革が全米レベルで推進されることになった。その結果、学校教育の質は児童生徒の学力テストの点数によって、また個々の教員の指導力や専門性による貢献度は学力テストの点数や伸び率によって評価されるようになった。さらに2002年の「落ちこぼれ防止法（No Child Left Behind Act)」制定以降、教員評価・学校評価の数値が学校統廃合や助成金配分の指標として用いられるようになり、州の教育スタンダードによる学校管理統制の強化が一気に進んだといわれている。例えば州教育長協議会（Council of Chief State School Officers：CCSSO）と全米州知事会（National Governors Association Center for Best Practices：NGA Center）が共同で2010 年に公表したのが「各州共通基礎スタンダード」（Common Core State Standards：以下 CCSS)[4] である。CCSS は、教員・学校管理者・研究者の意見を参考にして、すべての生徒について高校卒業時に大学や仕事の準備ができるような教育目標を米国全体に提供することを目的として作成されたものであるが、その内実は「読む・聞く・話す・書く」の国語力（英語力）と数学の教育基準であり、それらの学習を通して、知識を獲得する力、理解と批判をする力、証拠を見極める力、テクノロジーやデジタルメディアを活用する力などの育成を幼稚園から高校までの学校教育に求めるものである（図11-

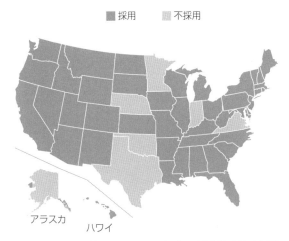

図11-1　41の州、コロンビア特別区、4 つの領土、国防総省教育活動（DoDEA）は、各州共通教育スタンダードを採用（2013年度）

出典：http://www.corestandards.org/standards-in-your-state/

1 ）。

　2010年以降、CCSS の教育基準に沿って、各州で教育スタンダードの制定を
はじめとした教育改革が進められている。この CCSS の普及には、連邦教育省
が2009年に公表した「頂上への競争」（Race to the Top）が大きな影響を与えた。[5]
「頂上への競争」は、各州に生徒の学力向上を目指した教育改革を競争的に求
めたプログラムであり、各州はその助成金を獲得するために、① 国際的な教
育基準や評価システムの採用、② 生徒の学習達成度を測定するデータ収集シ
ステムの構築、③ 教員配置の適正化と学習指導の効率改善、④ 学力不振校の
改善、などの教育施策を進めることになった。[6]

3　教育スタンダードと学校改善

　連邦教育省による教育スタンダード公表とアカウンタビリティ制度は、州や
学区に大きな影響を及ぼしてきた。「落ちこぼれ防止法」の成立以降、スタンダー
ド達成の指標となる学力テストの数値が各学校の指導力の判断基準とされてき
たことには多くの批判がある。しかし各学区としては、学区全体の生徒たちの
学力向上と、連邦や州からの財政援助を手に入れるために、その管理する各学
校にその指導実績を数値で示すことを迫っている。

　そのため各学校は、可能な限り、教員の専門性や自律性を重んじた効率的な
教員配置や学習指導のあり方を模索すべく着手するに至った。その典型例が、
教員の効率的な配置による授業形態の工夫で生徒の学力を向上させようとする
試みである。

4　小学校における授業形態の工夫

　アメリカの大部分の小学校では、基本的に学級担任制（self-contained class：自
足学級制）が採用されているが、近年は、学年担任制、教科担任制（departmentalized
instruction）、ティーム・ティーチング（team-teaching、TT）などを積極的に採用
する学校が増加している。

　学級担任制では、教員と子ども、子ども同士の間に親密な人間関係が構築さ
れる可能性があるが、他面では、教員はゼネラリスト（多方面の知識を有する万能
な教師）としてすべての教科の指導者であることが求められる。しかし、すべ
ての教員にすべての教科についての深い知識と巧みな指導方法を要求すること
は、無理難題を課すことである。

　小学校教員を対象にした意識調査では、約半数の教員が全教科にわたる学習内容や指導方法については自らの知識や指導力が十分ではないと感じているという。[7]　しかし、教員が日常的にそのように感じているというのであれば、彼（女）らの精神的ストレス、身体的疲労、勤労意欲の低下をもたらし、その結果として、生徒の学習指導にマイナスの影響を与えることになろう。

　学年担任制とは、教員の担当する学年を固定する学級担任制度である。教員は、毎年、同じ学年の生徒の指導を担当するので、数年すれば担当学年の指導の専門家になるという利点がある。

　教科担任制とは、文字どおり教員が専門科目ごとに授業を担当することである。アメリカの小学校で採用されている教科担任制には2つのパターンがある。1つは、学級担任制を基本としつつ、体育、音楽、美術、算数、理科など一部の教科を専門の教員が担当する専科担任制である。学級担任制の利点を生かしながら、専門性を要する教科について指導の水準を高めることができる。2つは、学級担任制の枠を外して、教員が複数のクラスで担当科目の授業をする制度である。中学校への準備として小学校高学年で採用されるケースが多い。

　ティーム・ティーチング（TT）とは、複数の教員がチームを編成して、授業計画・実践・評価を協働で行う教授法である。1つのクラスの教科を分担して担当する授業形態のほか、1人の教員が授業を進めてもう1人がサポート役を務める授業、子どもたちを習熟度別に分けて複数の教員で少人数指導をする授業なども TT に含まれる。教員が得意とする分野の学習指導にあたることで、学年全員に質の高い同一の指導が行き届くという利点があるが、チーム編成の難しさや授業計画・準備による業務負担増などの難点が指摘されている。

5　さらなる授業形態の検証

　教員の効率的な配置による授業形態の工夫が生徒たちの学力向上にどのような影響を与えるかの検証結果が、やがてまとめられるであろう。[8]　助成金獲得のための手段としての学力向上という短絡的な構図がみえみえであるが、その手段が、すべての子どもが最適で平等な学習環境で学び、かつ低コストで学力向上を達成することができる教員配置マニュアルを開発することになるならば、一石二鳥の授業形態の工夫と言えよう。そのためにも、上述した授業形態のさらなる柔軟な工夫、新たな組み合わせ等が進められてよいであろう。

　そして、この授業形態の工夫と実践とが成果をあげて広く進展するならば、

中等教育との連携、新しい教員免許状の新設という問題が生じてくるが、それらは前向きの改革としてとらえるべきであろう。

2 イギリス

イギリス（ここでは特にイングランドに焦点を当てて論じる）においては20世紀後半以降、保守党から労働党さらには保守・自民の連立政権を経て保守党単独政権へと政権交代が進む中で、さまざまな教育改革政策が採られてきた。本節ではそれらの教育改革を概観しつつ、学校のアカデミー化、教員養成を中心に見ていきたい。

1 イギリス教育改革現代史

　近年のイギリスの教育改革は、保守党サッチャー政権時代の1988年教育改革法が大きな転換点となっている。ここで「ナショナル・カリキュラム（National Curriculum）」が定められ、それまで地方教育当局が責任を負っていた教育に中央政府が積極的に関わることとなった。このナショナル・カリキュラムでは5歳から15歳までの義務教育期間を4つのキーステージに分け、各キーステージで学ぶべき教科と内容が定められた。そして各キーステージ終了時に達成度を測るためのナショナル・テスト実施が定められた。ナショナル・カリキュラム策定にあたっては日本の教育の調査も行われたが「イギリスでは日本のような教科ごとの時間数の規定がない」、「ナショナル・カリキュラムの具現化は学校ごとにゆだねられる（日本では検定教科書の使用により学習指導要領に沿った教育が行われる）」などの違いが指摘されている。[9] これを「専門職」としての教師に与えられた自由裁量によるものとみる見解もあるが、[10] イギリスの教師の専門性については議論がある（3に後述）。サッチャーに続くメジャー保守党政権時代の教育改革で注目されるのは、教育水準局（Ofsted：Office for Standards in Education）が創設され、1992年教育法によって学校の監査制度が確立されたことである。このような保守党政権時代の教育改革は、中央集権的、新自由主義的な色合いが強く、リーグ・テーブル（League Table）によってランキングによる学校の序列が公表されるなど「学校選択や学校淘汰といった市場原理に基づく競争にすべての初等・中等学校を参加させる制度として機能している」[11] との批判も挙げられている。

　1997年からはトニー・ブレア率いる労働党が政権を担い、新たな教育改革政策が実施された。ブレア政権下では「教育、教育、教育」として政策の目玉に教育改革が置かれ、アカデミーの設立（2に後述）や、ナショナル・カリキュラムの改訂による学力向上政策の展開、就学前教育の充実、コミュニティの強調などにより、社会全体での学力向上が目指された。

　保守・自民の連立政権以降の教育政策では「教えることの重要性（The Importance of Teaching）」と題された「2010年教育白書」においてその方向性が示され、その翌年の2011年教育法において実現を見た。まず白書では「教員の質の重要性」、「学校現場への権限移譲と説明責任の確保」、「貧富の差による教育格差の削減」が挙げられ、「教職に優秀な人材を引き込むための金銭的インセンティブ」の導入、「ナショナル・カリキュラムの再検討」、「アカデミーやフリー・スクールの拡大」「Ofstedによる査察方法の改善」などの提言が行われた。

　保守党単独政権以後の2016年教育白書以降、さらにアカデミーの拡大が進められ、2022年を目標とした全公立小中学校のアカデミー化が進められている。

　ここまで概観したように、新自由主義的な改革からブレア政権の「第3の道」を経たイギリスの教育改革は、教育の質の向上、学力の向上への取り組みの背後で教育の中央集権化の進行が進められてきたものだと言えよう。その中心にあるのは「ナショナル・カリキュラムの策定と改訂」、「Ofstedによる査察」、「アカデミーの拡大」、「教員養成の教育現場への移行」である。

2　アカデミーの拡大

　アカデミーとは2002年に連立政権によって開設された学校であり、非営利団体（個人の慈善家、企業、宗教団体、大学など）によって運営され、中央政府（教育省）から直接資金提供が行われる。従来の公立学校と異なるのは地方自治体から独立しているという点である。Ofstedによる査察は受けるものの教員養成やカリキュラム構成において柔軟に運営することができ、自律性の高い学校であると言える。連立政権以降はOfstedから高い評価（4段階の最上級であるOutstanding）が得られた学校はスポンサーの支援がなくともアカデミーへと移行することができるようになったが、その条件はさらに緩和されている。

　アカデミーは学校現場主導で教育の水準を向上させようという試みであり、「連立政権が掲げる『大きな社会』（より大きな権限と情報を市民、コミュニティ、地方自治体の手に渡し、政府と一緒になって問題解決に当たることのできる社会）の創設と

いうコンセプトに合致する」という評価がある一方で、「その『自由』が教師の専門性・質を向上させない」、「アカデミーの非民主制」などの批判、またアカデミーに入学手続きが任されることで社会経済的な不平等と関連すること（文化資本を持つ家庭の隠れた選抜が行われるという指摘）や、アカデミーが学力向上に貢献していないのではないかとの批判も寄せられている。[12]

3　教員養成の教育現場への移行

　イギリスの中等教員養成においては、① 大学で教育学士号（B.Ed.）を 3 年もしくは 4 年制課程で取得するルートの他、② 学士号保有者が学校現場でトレーニングを受ける SCITT（School Centered Initial Teacher Training）、③ 学士号保有者が大学と連携した学校現場で経験を積み QTS（Qualified Teacher Status：教員資格）と修士号を取る PGCE（Post Graduate Certificate Education）、④ 学校現場で雇用されながら養成されるスクール・ダイレクト（School Direct：授業料納付型もある）、⑤ 有給で学卒者を教育慈善団体等により学校現場でトレーニングするティーチ・ファースト（Teach First）などがある。2010年代中盤には大学主導型の養成（①、②）と学校主導型の養成（③、④、⑤）の入学者数が約半数ずつになっており2000年代初頭には「衰退する」と言われていた学校主導型のSCITT などのルートが拡大する傾向にある。実践性に重点を置くようにみえる学校主導型の養成への傾斜は、教師による研究時間の低下が見られるなどの批判があったが、教員養成の質をめぐっては大学主導・学校主導のどちらがよいかさまざまなエビデンスが示されている。

　また教職の専門性をめぐって、教師を「技術職」とみなしてトレーニングを行うのか、高度な専門職としてそれに見合った理論や思想、教育史などの教育を行うのか、が問われている。SCITT は理論偏重傾向にある高等教育機関による教員養成を是正するという方向性を持ったものとされるが、現場主導での教育では教科専門知識の習得にも課題を残している。

　このところ急激に進むイギリスの学校教育・教員養成改革であるが、一方でこれらの影響を受けにくい私立学校の存在も忘れてはならない。例えば私立学校教員には QTS は要求されないなど、独自のあり方が認められている。

　政権による政策の違いが大きいイギリスではあるが（例えば保守党政権下の現在では、財政面では急激な緊縮財政が進められており、労働党政権時代のような手厚い福祉政

策は縮小されている)、教育については数代の政権にわたって重要な政策と位置付けられて改革が重ねられてきた。日本が参考にするべき点があるともされるが、シニカルな見方をすれば、ともに資本主義の荒波に翻弄されながら教育改革を続けているのだとも言えるだろう。

３　フランス

1　フランス社会とイスラーム──「風刺画」授業に対するテロ事件の衝撃──

　2020年10月、「表現の自由」を取り扱う授業の際にイスラム教の預言者ムハンマドの風刺画を見せたフランスの公立中学校（collège）の教員が殺害されたテロ事件は、フランスのみならず、世界的にも大々的に報じられたニュースとして記憶に新しい。フランスでは2015年にも同様の風刺画を掲載した新聞社がイスラム過激派によって襲撃されるというテロ事件（シャルリー・エブド襲撃事件）が起こっており、今回の事件はフランス社会が長らく直面し続けている多文化共生の現状を如実に物語っている。元来、日本に比べフランスの教師には広範な教育上の裁量が認められている。フランスにおいても日本同様に学習指導要領（programme）は存在するが、教科書検定制度は存在せず、教科書を執筆する自由や出版する自由が認められていることの他、教科書を使って授業をするかどうかについても教師の裁量に委ねられている[13]。したがって、中学校の学習指導要領に定められている「表現の自由」の授業を行うにあたってどのような教材を使いどう教えるのかは原則として教師の裁量の範疇にある[14]。他方、1980年代後半からはイスラム教徒の女子生徒の公立学校におけるスカーフ着用問題に象徴されるように、政教分離を意味するライシテ（laïcité）の原則を掲げるフランスでイスラム教徒の人々を中心とする宗教的マイノリティの宗教的自由をどこまで保障するのかという問題が顕在化するようになった。その結果、2004年には公立学校でスカーフ等の宗教的標章の着用を禁止する法律が制定され、2005年に制定された新教育基本法（フィヨン法）ではライシテの原則を含む「共和国の価値（les valeurs de la République）」を児童生徒に共有させることが学校の使命として位置づけられ今日に至っている。2000年代以降の教育政策や移民政策が一貫して「共和国」の文化や価値の共有を掲げて社会統合を目指してきた一方で、フランス「共和国」の文化や価値の共有を拒絶する一部のイスラム系移民等との軋轢が深刻化している[15]。

2　フランスの教育政策と教員養成、教員に求められる資質と能力

「共和国」の文化や価値の共有を前面に掲げた2000年代以降のフランスの教育改革は教員養成にもその影響が及んでいる。フランスの教員養成制度は、2013年の新教育基本法（ペイヨン法）の制定以降、大学（3年制）卒業後に教職大学院（INSPE：Institut national supérieur du professorat et de l'éducation）に入学しその1年次に教員採用試験を受験するのが一般的な流れである（図11-2）。採用試験に合格すれば半時間（mi-temps）教師として給与を受けて学校に正規の教員の半分の時間を勤務しつつ大学院での学修を進めることとなり、教職大学院において修士（master）の学位を取得することによって正式に採用される。[16] 大学の3年間と教職大学院での2年間という計5年間で教員養成を行う制度は1989年の教育基本法（ジョスパン法）以降の原則であるが、教職大学院での2年間の課程が修士課程として認定されたのは旧教職大学院（IUFM：Instituts Universitaires de Formation des Maître）として制度が存在していた2010年以降のことである。[17] なお、フランスの公立学校の教員は幼稚園（école maternelle：原則として3歳以降）と小学校（école élémentaire：6歳から5年制）の教育を担う初等教育教員、中学校（collège：4年制）と高等学校（lycée：3年制）の教育を担う中等教育教員といったように身分が区分され、採用もこれらの区分毎に行われている。[18] また、義務教育期間については長らく「6歳からの10年間」と規定されて

図11-2　パリ大学の構内

フランスの大学は3年制であり、初等中等教育機関の教師となるためには、大学卒業後に教職大学院（INSPE）に入学して採用試験を受験するのが一般的な流れである。

出典：筆者撮影

いたものの、2019年の法改正により「３歳から18歳までの間」へと改められた。一方、学校の使命として「共和国の価値」の共有化原則を明記した2005年の新教育基本法の施行を受け、2006年には「教員の資質・能力に関する基準」が国民教育省の省令で定められたこともフランスの教職の動向を見据えるうえで欠かすことのできない視点である。この「教員の能力・資質に関する基準」は2006年以降改訂が重ねられてきているものの、教員に求められる資質・能力として「児童生徒を学業成功へと導く」ことが挙げられている他、児童生徒が市民性を発揮できるように「共和国の価値を共有させる」こと等が掲げられている。つまり、前述のようにフランスの教員には一定の教育の実践上の自由が保障されている一方で、「共和国」の一員を育成するというフランスの教育原理が「教員の資質・能力に関する基準」においても盛り込まれており、「共和国」の文化や価値の共有を通じて社会統合の実現を図るという教育政策の理念は、教員養成の根幹をなす基準として位置づけられている。

3　フランスの学校と教師をめぐる問題
――社会統合と多文化共生のはざまで――

　フランスにおいて教師は公役務（service public）に携わる公務員として児童生徒を「共和国」に生きる市民として育成するという学校の使命を実現するための一翼を担う。その一方で、公法学の概念からは、公教育に求められる中立性の要請から、教師には公権力から独立した一定の「教育の自由」が保障されるものと理解されている。先述のとおり日本に比べフランスの教師に教育上の裁量が広く認められているのは、こうした教師の「教育の自由」に関する理論的支柱が構築されていることに由来する。他方、2000年代以降のフランスの教育改革や移民政策は、移民に出自のルーツを持つ人々に対し「共和国」の文化や価値の共有を迫る形で社会統合を推進した結果、それを受け入れ難いものと考える一部の宗教的マイノリティとのあいだに軋轢を生むこととなった。フランスの教師は異なる文化や価値観を持つ人々の「共和国」への統合を図るという職業上の使命に加え、宗教的マイノリティの権利を保障するという教師としての職責をも担いながら、最前線で児童生徒の教育にあたることになる。社会統合と多文化共生とのあいだで葛藤が続くフランスにおいて、教師の教育実践上の自由をいかに実質的に保障できるのかが今後解決が図られるべき喫緊の課題である。

4　ドイツ

　ドイツは、正式にはドイツ連邦共和国（Bundesrepublik Deutschland）と呼ぶ（図11-3）。連邦というのは、独立した一定の自治権限をもつ州が連合しているという意味である。したがって、アメリカ合衆国と同様、各州が大きな行政権限をもっており、教育に関することも各州で事情が異なっているが、ここでは、およそ連邦全体で共有されている教育の方針や仕方、近年の動向を中心に紹介する。

1　教育の基本的な考え方──自立した個人をつくる──

　日本の道路交通法によれば、歩行者が横断歩道を渡ろうとしているときには、車の運転者は一時停止して歩行者を通行させなければならない。しかし、このルールは驚くほどに守られていない[19]。その理由は、「自分が停止しても対向車が停止しないから」、「停止すると後続車に追突されそうだから」だという[20]。ドイツでは、横断歩道の手前に歩行者がさしかかると、ほぼすべての車が必ず急停止する。おそらくその理由は「ルールだから」である。

　日本では多くの人が、他の車は停止しないだろう、他の車は自分の車が停止しないと思っているだろうと考えるようだ。要は、他の車がどのようにするかを考えて自分の行動を決めているのである。そして、他人の行動と自分の行動がなるべく同じになるようにふるまう。他方ドイツでは、自分と他人は違う人間であり、考えていることも行動も違っているので、うまく社会生活を送るた

図11-3　ドイツ首都ベルリンの連邦国会議事堂／ブランデンブルク門

出典：筆者撮影

図11-4　ギムナジウムのクラスの様子
出典：筆者撮影

めには共通のルールをまずは自分が守るべきだと多くの人が考えている。ルールを前にしたふるまいがこれほどはっきりと違うのはなぜだろうか。おそらく大きな要因は、教育の違いである。

　多くの日本の中学校での授業。40人くらいの生徒の前に先生が立ち、生徒は黙って黒板などに示された知識内容を書き写す。そして、テストでは、正答を暗記して書き込み、共通の尺度で測って順位や偏差値が示される。

　多くのドイツの中等学校での授業。およそ25人の生徒の前に先生が立ち、生徒は次々と手を挙げて自分の意見を主張する。先生は、根拠をもって自分の見解を披露できるかどうかで生徒を評価し、テストでは、他人と同じ正答を出すことはさほど重視されない。徹底して、筋道を立てて他人と違った自分の見解を述べることができるように訓練される。順位や偏差値などはそもそも学校教育には存在しない（図11-4）。

　これは欧米の教育に共通することではあるが、特にドイツでは、教育は自立した個人をつくるためにあるという考えが強い。自分は他人と違ってこんな人間なのだということを自分で認め、他の人も自分のように独自性を持った1人の人間であるということを尊重できるようにする。他人と出来不出来を比較するようなことはしない。そんなことをすると、大人になっても、周りを見回して他人と比較しなければ自分の行動を取ることができなくなってしまうからである。

2　ドイツの教育の仕組みと教員養成

　それでは、このような自立した個人をつくるための教育は、どんな仕組みで

行われているのだろうか。基本的な教育制度は、日本と同様、就学前教育、初等教育、中等教育、高等教育に分類することができる。

　就学前教育は、保育所（Kindertagesstätte、通称 Kita）／幼稚園（Kindergarten）で行われる。ドイツの教育学者フレーベル（F.Fröbel）が1837年に世界で初めて幼児教育の場を設立して、幼稚園と名付けたことは、よく知られている。

　初等教育は6歳から基礎学校（Grundschule）で4年間行われる。その後10歳からの中等教育は、義務教育終了までの一般的な教育を受けるハウプトシューレ（Hauptschule）、専門的な職業教育を受ける実科学校（Realschule）、大学予備学校ギムナジウム（Gymnasium）の3つに分けられるが、加えて多くの州でそれらを組み合わせた総合制学校（Gesamtschule）が設けられている（図11-5）。大学等で高等教育を受ける場合は、ギムナジウムで一定の成績点数を獲得し、アビトゥア（Abitur）と呼ばれる大学等進学のための中等教育修了試験に合格しなければならない。日本の大学入試のような競争選抜は行われていないので、このアビトゥア資格があれば、およそ希望する大学等での教育を受けることができる。

　私立学校も多くある。例えば、世界的に知られるドイツ発祥の自由ヴァルドルフ学校（Waldorfschule）は、就学前教育から中等教育まで一貫した特色のある教育（自然と調和した活動や身体活動を重んじる、教科書や試験がない、など）を行っている。この学校はドイツのみならず世界中に数多くあり、日本でも「シュタイナー学校」と呼ばれて数校が設立されている（図11-6）。

　高等教育は、大学（Universität）／専科大学（Hochschule）を中心に、職業系ア

図11-5　フライブルク市のゲーテ・
　　　　ギムナジウム外観

出典：筆者撮影

図11-6　自由ヴァルドルフ幼稚園
　　　　の部屋

出典：筆者撮影

図11-7　フライブルク教育大学でのゼミナール

出典：筆者撮影

カデミー（Berufsakademie）、職業専門学校（Fachschule）などでも行われる。1386年創立のハイデルベルク大学をはじめ、伝統のある数多くの名高い学術機関があり、質の高い研究や教育が行われている。大部分が国立や州立で授業料無償なので、世界中から優秀な留学生が集まり、国際的な学術交流も盛んである（図11-7）。

　初等中等教育の教員養成についても簡単に紹介しておこう。ドイツで教師になるためには、高等教育を受けて一定の要件を満たし、各州が実施する公的な試験に合格しなければならない。大まかには、初等教育の教師は教育大学（Pädagogische Hochschule）で養成され、中等教育のそれは大学（Universität）で養成される。現在は、国レベルで「教員養成のためのコンピテンシーとスタンダード（Kompetenzen und Standards für Lehrerbildung)」が示され、それに基づいた養成教育が行われている。[21]このスタンダードは、教師に求められる能力を以下の4領域に分類し、それぞれについて指標を提示している。

　　a．授業―教師は、教え学ぶことについての専門家である。
　　b．教育―教師は、自らの教育の責務を果たす。
　　c．評価―教師は、事実と評価を受ける生徒の立場をふまえて助言し、正当に、責任を自覚して自らの評価責務を果たす。
　　d．革新―教師は、自らの能力を継続的に発展させる。

3　近年の教育の動向——バーデン＝ヴュルテンベルク州を例にして——

①コンピテンシー志向

　上述の教員養成においても見られるように、近年は、身につけるべき能力を明示する、すなわち、できるようになっておくべきことを指標として提示する仕方が積極的に取り入れられている。これは「コンピテンシー志向」と呼ばれ、「生徒たちは断片的な教育内容の果てに何を実際に知る（べき）なのか、何が実際に出来るようになる（べき）なのか」が問題となる。つまり、学校教育は、教科ごとの部分的な内容を教え込んで習得させることに終始するのではなく、一定の段階においてどのような能力を身につけているべきなのかをきちんと設定し、それを見据えた上で教育活動を行うべきである、というのである。

　このような「コンピテンシー志向」が強まった背景には、経済協力開発機構（OECD）において、2000年から３年ごとに、国際的な学習到達度調査（PISA）が実施されるようになり、それに伴って必要な資質・能力が国際標準の学力指標として新たに示されるようになったことが挙げられよう。

②持続可能性、多様性

　例えば、バーデン＝ヴュルテンベルク州における教育計画においては、以下の３点が、一般的で包括的な主要観点とされている。

  ａ．「持続可能な発展のための教育」：2030年までの持続可能な開発目標（SDGs）達成を支える重要な機能として、積極的に展開されている。

  ｂ．「寛容さと多様性の受容」：多くの難民を受け容れているドイツでは、多様な文化的背景を持つ若者をどのように教育していくかが大きな課題である。

  ｃ．「予防策と健康促進」：学業以外の日常生活上の事柄にさほど介入しないドイツの学校でも、心身の健康の維持のためにはある程度の教育が必要だと認識されつつあるようである。

　これらのうち、教育計画の中心的な方針として打ち出されているのは、持続可能性と多様性である。この２点は、日本を含め多くの国の教育計画においても重視されつつある。

注

1）初等・中等教育を K‒12（幼稚園～高校 3 年生）と呼び、そのうち 9 年間（7 ～ 16 歳）を義務教育と定める州が多い。学校段階の区切りは、5‒3‒4 制と 6‒2‒4 制が主流である。また、幼稚園（kindergarten）の 1 年間を就学前準備教育として義務化する州が増加している。

2）The Praxis Tests 等の民間団体が実施する学力・指導力テスト。

3）赤星晋作『アメリカの学校教育――教育思潮・制度・教師――』学文社、2017 年、56‒62 頁。

4）各州共通基礎スタンダード（Common Core State Standards）については、http：// www.corestandards.org/（2020 年 10 月 31 日確認）を参照。

5）山本貴子・大城善盛「アメリカにおける CCSS（Common Core State Standards）と学校図書館界」『大谷学報』94（1）、2014 年、37‒40 頁。

6）「頂上への競争」（Race to the Top）プログラムの詳細は以下を参照。https：// www 2 .ed.gov/programs/racetothetop/factsheet.html（2020 年 10 月 31 日確認）。

7）Stewart, L.「Teacher's Perspectives on Self-contained and Departmentalized Instructional Models」、2015 年、Retrieved from https://digitalcommons.brockport. edu/cgi/viewcontent.cgi?article=1560&context=ehd_theses（2020 年 10 月 31 日確認）

8）進行中の調査例として、National Center for Education Evaluation and Regional Assistance の支援による「小学校 4 年生と 5 年生で教科担任制を採用した際の学業成績調査」（2017 年 9 月―2022 年 9 月）がある。https://ies.ed.gov/ncee/projects/evaluation/ other_departmentalized.asp（2020 年 10 月 31 日確認）

9）吉田多美子「イギリス教育改革の変遷――ナショナル・カリキュラムを中心に――」『レファレンス』平成 17 年 11 月号、国立国会図書館調査及び立法考査局、2005 年、104 頁。

10）同上。

11）同上。

12）葛西耕介「［内外の教育政策研究動向 2016］連立政権以降のイギリスの教育政策とその研究動向――アカデミー、ナショナル・カリキュラム、教員養成を中心に――」『日本教育政策学会年報』第 24 号、2017 年、164‒165 頁。

13）藤井穂高・池田賢市『フランスの教科書制度』平成 18 年度文部科学省調査研究委嘱「教科書改善のための調査研究」報告書、2007 年、13‒15 頁参照。

14）フランスにおける学習指導要領については、大津尚志・橋本一雄・降旗直子「フランスにおける市民性教育関連の 2008 年版学習指導要領」『教育学研究論集第 6 号』、2011 年、113‒122 頁等参照。

15）詳しくは、橋本一雄「フランスにおける 2004 年宗教的標章着用禁止法制定以降の移民政策と宗教的自由」『中村学園大学・中村学園大学短期大学部研究紀要第 52 号』、2020 年、

79-92頁を参照されたい。

16）大杉昭英研究代表、国立教育政策研究所発行『諸外国における教員の資質・能力スタンダード（平成28年度プロジェクト研究調査報告書）』、2017年、25-35頁（上原秀一執筆）。

17）大津尚志「フランスの教員養成に関する文献紹介」『教育学研究論集第10号』、2015年、45-46頁において関連する主要な文献が紹介されている。

18）前掲注16）『諸外国における教員の資質・能力スタンダード（平成28年度プロジェクト研究調査報告書）』25頁。

19）日本自動車連盟「信号機のない横断歩道での歩行者横断時における車の一時停止状況全国調査（2019年調査結果）」によると、一時停止率全国平均17.1％。

20）日本自動車連盟「信号機のない横断歩道に関するアンケート調査（2017年6月）」を参照。

21）Kompetenzen und Standards für Lehrerbildung. Beschluss der Kultusministerkonferenz vom 16.12.2004 i. d. F. vom 16.05.2019. 文部大臣会議（Kultusministerkonferenz）ウェブサイトより（https://www.kmk.org/themen/allgemeinbildende-schulen/lehrkraefte/lehrerbildung.html　2020年10月20日確認）。

22）H.A.Pant, Einführung in den Bildungsplan 2016. バーデン＝ヴュルテンベルク州教育省ウェブサイトより（http://www.bildungsplaene-bw.de/,Lde/LS/BP2016BW/ALLG/EINFUEHRUNG　2020年10月20日確認）。

参 考 文 献

久保木匡介『現代イギリス教育改革と学校評価の研究――新自由主義国家における行政統制の分析――』花伝社、2019年。

久田敏彦監修『PISA後のドイツにおける学力向上政策と教育方法改革』八千代出版、2019年。

Department for Education　U.K., "*The importance of teaching － The School White Paper 2010*", 2010.

フランス教育学会編『現代フランスの教育改革』明石書店、2018年。

文部科学省編『諸外国の教育動向2019年度版』明石書店、2020年。

マリアンヌ・ブランシャール、ジョアニ・カユエット＝ランブリエール著、園山大祐監修、田川千尋訳『学校の社会学――フランスの教育制度と社会的不平等――』明石書店、2020年。

附　録　日本教育史年表

1871（M 4 ）　文部省設置

1872（M 5 ）　「学制布告書（学事奨励に関する被仰出書）」公布、「学制」発布

1879（M12）　「（自由）教育令」公布

1880（M13）　「（改正）教育令」公布

1881（M14）　「小学校教員心得」公布

1882（M15）　「幼学綱要」下賜

1886（M19）　「帝国大学令」「小学校令」「中学校令」「師範学校令」「諸学校通則」公布

1889（M22）　「大日本帝国憲法」発布

1890（M23）　「教育ニ関スル勅語」渙発

1891（M24）　「小学校祝日大祭日儀式規程」公布

1894（M27）　「高等学校令」公布

1896（M29）　「民法」公布

1899（M32）　「実業学校令」「高等女学校令」「私立学校令」公布

1903（M36）　「専門学校令」公布

1918（T 7 ）　「大学令」「高等学校令」公布

1923（T 12）　「盲学校及聾唖学校令」公布

1926（T 15）　「幼稚園令」公布

1935（S 10）　「青年学校令」公布

1939（S 14）　「青少年学徒ニ賜ハリタル勅語」渙発

1941（S 16）　「国民学校令」公布

1943（S 18）　「中等学校令」公布

1944（S 19）　「日本育英会法」公布

1945（S 20）　「戦時教育令」公布、ポツダム宣言受諾、国際連合教育科学文化機関憲章（ユネスコ憲章）採択

1946（S 21）　「日本国憲法」公布

1947（S 22）　「教育基本法」（H18全部改正）「学校教育法」「労働基準法」「国家公務員法」「国家賠償法」「児童福祉法」公布、「学習指導要領一般編（試案）」刊行、6・3制発足

1948（S 23）　「予防接種法」「教科書の発行に関する臨時措置法」「少年法」「教育委員会法」（S31廃止）「国民の祝日に関する法律」「児童福祉施設最低基準」（現「児童福祉施設の設備及び運営に関する基準」）公布、「保育要領」刊行、国連総会「世界人権宣言」採択

1949（S 24）　「教育公務員特例法」「教育職員免許法」「社会教育法」「私立学校法」公布、
　　　　　　　新制大学発足

1950（S 25）　「図書館法」「生活保護法」「文化財保護法」「地方公務員法」公布

1951（S 26）　「結核予防法」（H18廃止。「感染症の予防及び感染症の患者に対する医療に関
　　　　　　　する法律」が役割を引き継ぐ）「産業教育振興法」「博物館法」公布、「児童憲章」
　　　　　　　制定

1952（S 27）　「義務教育費国庫負担法」公布

1953（S 28）　「学校図書館法」「理科教育振興法」「公立学校施設費国庫負担法」（現「公立
　　　　　　　学校施設災害復旧費国庫負担法」）公布、中央教育審議会発足

1954（S 29）　「へき地教育振興法」「盲学校、聾学校及び養護学校への就学奨励に関する法律」
　　　　　　　（現「特別支援学校への就学奨励に関する法律」）「教育公務員特例法の一部を
　　　　　　　改正する法律」「義務教育諸学校における教育の政治的中立の確保に関する臨
　　　　　　　時措置法」「学校給食法」公布

1956（S 31）　「就学困難な児童及び生徒に係る就学奨励についての国の援助に関する法律」
　　　　　　　「地方教育行政の組織及び運営に関する法律」「大学設置基準」「各種学校規程」
　　　　　　　「幼稚園設置基準」公布、「幼稚園教育要領」発表

1958（S 33）　「学校保健法」（現「学校保健安全法」）「義務教育諸学校施設費国庫負担法」（現
　　　　　　　「義務教育諸学校等の施設費の国庫負担等に関する法律」）「公立義務教育諸学
　　　　　　　校の学級編制及び教職員定数の標準に関する法律」公布、「小学校学習指導要
　　　　　　　領」「中学校学習指導要領」告示

1959（S 34）　国連総会「児童の権利宣言」採択

1960（S 35）　「高等学校学習指導要領」（現在全部改正）告示

1961（S 36）　「公立高等学校の設置、適正配置及び教職員定数の標準等に関する法律」（現「公
　　　　　　　立高等学校の適正配置及び教職員定数の標準等に関する法律」）「高等専門学
　　　　　　　校設置基準」公布

1962（S 37）　「義務教育諸学校の教科用図書の無償に関する法律」公布

1963（S 38）　「義務教育諸学校の教科用図書の無償措置に関する法律」公布、経済審議会「経
　　　　　　　済発展における人的能力開発の課題と対策」答申

1964（S 39）　「幼稚園教育要領」（現在全部改正）告示

1965（S 40）　「保育所保育指針」（現在は告示）発表

1966（S 41）　国連総会「国際人権規約」採択

1970（S 45）　「著作権法」「心身障害者対策基本法」（現「障害者基本法」）公布

1974（S 49）　「学校教育の水準の維持向上のための義務教育諸学校の教育職員の人材確保に
　　　　　　　関する特別措置法」公布

1975（S 50）　「私立学校振興助成法」公布

1976（S 51）　「専修学校設置基準」公布、専修学校制度創設、学力テスト旭川事件最高裁判決

1979（S54）　養護学校義務制実施

1984（S59）　「日本育英会法」（H15廃止。「独立行政法人日本学生支援機構法」が役割を引き継ぐ）公布、「臨時教育審議会設置法」（現在失効）公布

1987（S62）　「社会福祉士及び介護福祉士法」公布、臨時教育審議会第4次（最終）答申

1989（H元）　国連総会「児童（子ども）の権利に関する条約」採択

1990（H2）　「生涯学習の振興のための施策の推進体制等の整備に関する法律」公布

1991（H3）　「地方公務員の育児休業等に関する法律」公布

1997（H9）　「日本私立学校振興・共済事業団法」「小学校及び中学校の教諭の普通免許状授与に係る教育職員免許法の特例等に関する法律」公布

1998（H10）　「感染症の予防及び感染症の患者に対する医療に関する法律」公布

1999（H11）　「児童買春、児童ポルノに係る行為等の処罰及び児童の保護等に関する法律」（現「児童買春、児童ポルノに係る行為等の規制及び処罰並びに児童の保護等に関する法律」）「男女共同参画社会基本法」「文部科学省設置法」「国旗及び国歌に関する法律」公布

2000（H12）　「児童虐待の防止等に関する法律」「人権教育及び人権啓発の推進に関する法律」公布

2001（H13）　「子どもの読書活動の推進に関する法律」公布、文部科学省（文部省と科学技術庁が統合）発足

2002（H14）　「健康増進法」「放送大学学園法」「独立行政法人日本スポーツ振興センター法」「構造改革特別区域法」「小学校設置基準」「中学校設置基準」公布

2003（H15）　「個人情報の保護に関する法律」「独立行政法人日本学生支援機構法」「国立大学法人法」「次世代育成支援対策推進法」「少子化社会対策基本法」「専門職大学院設置基準」公布、「全国保育士会倫理綱領」採択

2004（H16）　「発達障害者支援法」「高等学校設置基準」公布

2005（H17）　「食育基本法」「文字・活字文化振興法」「障害者自立支援法」（現「障害者の日常生活及び社会生活を総合的に支援するための法律」）公布

2006（H18）　「就学前の子どもに関する教育、保育等の総合的な提供の推進に関する法律」「（改正）教育基本法」公布、国連総会「障害者の権利に関する条約」採択

2008（H20）　「青少年が安全に安心してインターネットを利用できる環境の整備等に関する法律」「障害のある児童及び生徒のための教科用特定図書等の普及の促進等に関する法律」公布、「保育所保育指針」（H29全部改正）告示

2009（H21）　「子ども・若者育成支援推進法」公布

2010（H22）　「公立高等学校に係る授業料の不徴収及び高等学校等就学支援金の支給に関する法律」（現「高等学校等就学支援金の支給に関する法律」）公布

2011（H23）　「スポーツ基本法」「障害者虐待の防止、障害者の養護者に対する支援等に関する法律」公布

2012（H24）　「社会保障制度改革推進法」「子ども・子育て支援法」公布

2013（H25）「子どもの貧困対策の推進に関する法律」「障害を理由とする差別の解消の推進に関する法律」「いじめ防止対策推進法」「持続可能な社会保障制度の確立を図るための改革の推進に関する法律」公布

2014（H26）「少年院法」「幼保連携型認定こども園の学級の編制、職員、設備及び運営に関する基準」公布、「幼保連携型認定こども園教育・保育要領」告示

2015（H27）「公職選挙法等の一部を改正する法律」公布、スポーツ庁設置

2016（H28）「義務教育の段階における普通教育に相当する教育の機会の確保等に関する法律」公布

2017（H29）「専門職大学設置基準」「専門職短期大学設置基準」公布、「幼保連携型認定こども園教育・保育要領」「幼稚園教育要領」「小学校学習指導要領」「中学校学習指導要領」「特別支援学校幼稚部教育要領」「特別支援学校小学部・中学部学習指導要領」「保育所保育指針」告示、国立教員養成大学・学部、大学院、附属学校の改革に関する有識者会議報告書

2018（H30）「民法の一部を改正する法律」「成育過程にある者及びその保護者並びに妊産婦に対し必要な成育医療等を切れ目なく提供するための施策の総合的な推進に関する法律」公布、「高等学校学習指導要領」告示

2019（H31）「特別支援学校高等部学習指導要領」告示

2019（R元）「大学等における修学の支援に関する法律」「学校教育の情報化の推進に関する法律」「日本語教育の推進に関する法律」「公立の義務教育諸学校等の教育職員の給与等に関する特別措置法の一部を改正する法律」「児童福祉法施行令の一部を改正する政令」「子ども・子育て支援法の一部を改正する法律の施行に伴う関係政令の整備及び経過措置に関する政令」（幼児教育・保育の無償化）公布

2020（R2）「新型コロナウイルス感染症の影響を踏まえた学校教育活動等の実施における「学びの保障」の方向性等について」（令和2年5月15日付け2文科初第265号文部科学省初等中等教育局長通知）

2021（R3）「公立義務教育諸学校の学級編制及び教職員定数の標準に関する法律の一部を改正する法律」「教育職員等による児童生徒性暴力等の防止等に関する法律」公布

2022（R4）「こども基本法」「こども家庭庁設置法」公布

参考文献

伊藤良高編集代表『ポケット教育小六法』（各年版）晃洋書房。

中谷彪・伊藤良高編著『改訂版　歴史の中の教育〈教育史年表〉』教育開発研究所、2013年。

索　　引

《執筆者紹介》（執筆順、＊は編者）

＊伊藤　良高（いとう　よしたか）　奥付参照‥‥‥‥‥‥‥‥‥‥‥‥‥‥第1章、第2章

　伊藤　聖良（いとう　せいら）　桜山保育園保育士‥‥‥‥‥‥‥‥‥‥‥‥コラム1

　知識　伸哉（ちしき　しんや）　小さな森の保育園長‥‥‥‥‥‥‥‥‥‥‥コラム2

　高柳　奈月（たかやなぎ　なつき）　公立保育士‥‥‥‥‥‥‥‥‥‥‥‥‥‥第2章

　冨江　英俊（とみえ　ひでとし）　関西学院大学教育学部教授‥‥‥‥‥‥‥‥第3章

　河野　桃子（こうの　ももこ）　信州大学教職支援センター講師‥‥‥‥‥‥‥コラム3

　生澤　繁樹（いざわ　しげき）　名古屋大学大学院教育発達科学研究科准教授‥コラム4

　鈴木　悠太（すずき　ゆうた）　東京工業大学リベラルアーツ研究教育院准教授‥コラム5

＊荒井英治郎（あらい　えいじろう）　奥付参照‥‥‥‥‥‥‥‥‥‥第4章、コラム7、年表

＊岡田　　愛（おかだ　あい）　奥付参照‥‥‥‥‥‥‥‥‥‥‥‥第5章、第11章1

　西森　尚己（にしもり　なおき）　子どもの支援・相談スペース「はぐルッポ」代表‥‥コラム6

　青木　研作（あおき　けんさく）　東京成徳大学子ども学部教授‥‥‥‥‥‥‥第6章

　雪丸　武彦（ゆきまる　たけひこ）　西南学院大学人間科学部准教授‥‥‥‥‥第7章

　香﨑智郁代（こうざき　ちかよ）　九州ルーテル学院大学人文学部准教授‥‥‥コラム8

　冨田　晴生（とみた　はるお）　帝京平成大学ヒューマンケア学部教授‥‥‥コラム9、コラム10

　小池由美子（こいけ　ゆみこ）　大東文化大学特任教授‥‥‥‥‥‥‥‥‥‥コラム11

　桐原　　誠（きりはら　まこと）　湯出光明童園家庭支援専門相談員‥‥‥‥‥第8章

　下坂　　剛（しもさか　つよし）　四国大学生活科学部准教授‥‥‥‥‥‥‥‥第9章

　竹下　　徹（たけした　とおる）　周南公立大学福祉情報学部准教授‥‥‥‥‥コラム12

　大津　尚志（おおつ　たかし）　武庫川女子大学学校教育センター准教授‥‥‥第10章

　柴田　賢一（しばた　けんいち）　常葉大学保育学部教授‥‥‥‥‥‥‥‥‥‥第11章2

　橋本　一雄（はしもと　かずお）　中村学園大学短期大学部准教授‥‥‥‥‥‥第11章3

　石村　秀登（いしむら　ひでと）　熊本県立大学共通教育センター教授‥‥‥‥第11章4

《編者略歴》

伊藤 良高（いとう よしたか）
　1985年　名古屋大学大学院教育学研究科博士課程単位取得退学
　現　在　熊本学園大学社会福祉学部教授、桜山保育園理事長、博士（教育学）
　著　書　『保育制度改革と保育施設経営』（風間書房、2011）
　　　　　『増補版　幼児教育行政学』（晃洋書房、2018）
　　　　　『教育と福祉の基本問題』（編著、晃洋書房、2018）
　　　　　『保育・幼児教育のフロンティア』（共編、晃洋書房、2018）
　　　　　『保育者・教師のフロンティア』（共編、晃洋書房、2019）、他

岡田　愛（おかだ あい）
　2000年　東京大学大学院教育学研究科博士課程単位取得退学
　現　在　立正大学仏教学部准教授、修士（教育学）
　著　書　『現代の学校経営を考える』（共著、北樹出版、2002）
　　　　　『学校教育のフロンティア』（共著、晃洋書房、2007）
　　　　　『教育と福祉の基本問題』（共著、晃洋書房、2018）
　　　　　『保育者・教師のフロンティア』（共著、晃洋書房、2019）
　　　　　『新版　教育と法のフロンティア』（共著、晃洋書房、2020）、他

荒井英治郎（あらい えいじろう）
　2009年　東京大学大学院教育学研究科博士課程単位取得退学
　現　在　信州大学教職支援センター准教授、修士（教育学）
　著　書　『現代の学校を読み解く―学校の現在地と教育の未来』（共著、春風社、
　　　　　2016）
　　　　　『憲法判例からみる日本―法×政治×歴史×文化』（共著、日本評論社、
　　　　　2016）
　　　　　『教育経営論』（共著、学文社、2017）
　　　　　『教育と福祉の基本問題』（共著、晃洋書房、2018）
　　　　　『新版　教育と法のフロンティア』（共編、晃洋書房、2020）、他

　　　　　教育と教職のフロンティア

2021年 4 月10日　初版第 1 刷発行　　　＊定価はカバーに
2022年12月25日　初版第 2 刷発行　　　　表示してあります

　　　　　　　　　　　　　　　　伊　藤　良　高
　　　　　　編　者　　　岡　田　　　愛ⓒ
　　　　　　　　　　　　　荒　井　英治郎
　　　　　　発行者　　　萩　原　淳　平

　　　　発行所　株式会社　晃　洋　書　房

　〒615-0026　京都市右京区西院北矢掛町 7 番地
　　　　　　　電話　075(312)0788番（代）
　　　　　　　振替口座　01040-6-32280

装丁　クリエイティブ・コンセプト　　印刷・製本　西濃印刷㈱
　　　　　　　ISBN 978-4-7710-3482-2

伊藤良高 編集代表
2021年版 ポケット教育小六法

新書判 344頁
定価 1,430円（税込）

伊藤良高・大津尚志・橋本一雄・荒井英治郎 編
新版 教育と法のフロンティア

Ａ５判 144頁
定価 1,650円（税込）

伊藤良高・大津尚志・香﨑智郁代・橋本一雄 編
保育者・教師のフロンティア

Ａ５判 132頁
定価 1,540円（税込）

伊藤良高・冨江英俊・大津尚志・永野典詞・冨田晴生 編
改訂版 道徳教育のフロンティア

Ａ５判 156頁
定価 1,870円（税込）

大津尚志・伊藤良高 編著
新版 教育課程論のフロンティア

Ａ５判 130頁
定価 1,540円（税込）

伊藤良高・永野典詞・三好明夫・下坂剛 編
改訂新版 子ども家庭福祉のフロンティア

Ａ５判 124頁
定価 1,540円（税込）

丹松美代志・丹松美恵子 著
教 え る か ら 学 ぶ へ
――協同的学びとの出会い――

Ａ５判 240頁
定価 2,970円（税込）

金子邦秀 監
多様化時代の社会科授業デザイン

Ａ５判 252頁
定価 3,630円（税込）

小林和雄 著
真 正 の 深 い 学 び へ の 誘 い
――「対話指導」と「振り返り指導」から始める授業づくり――

Ａ５判 118頁
定価 1,760円（税込）

石村卓也・伊藤朋子 著
チーム学校に求められる教師の役割・職務とは何か

Ａ５判 240頁
定価 3,080円（税込）

石村卓也・伊藤朋子 著
教 育 の 見 方・考 え 方
――教育の思想・歴史――

Ａ５判 222頁
定価 2,970円（税込）

晃 洋 書 房